Pédagogie pratique

Cycles 2 et 3

Activités pour se détendre et mieux apprendre

Émilie Top-Labonne

W0312185

RETZ
editions-retz.com

Remerciements

Merci à tous les enfants d'ici et d'ailleurs qui m'inspirent chaque jour.

Merci à tous mes enseignants de yoga qui sont de véritables guides sur le chemin de la vie.

Merci à tous mes collègues pour les échanges et les partages enrichissants.

Et merci mille fois aux êtres proches qui m'entourent au quotidien et qui sont toujours d'un grand soutien.

Émilie Top-Labonne

Nous avons, dans cet ouvrage, opté pour la forme neutre « enseignant » afin de faciliter la lecture. « Enseignant » fait ici référence aux personnes qui relèvent du corps enseignant, dans sa pluralité de genres.

© Retz 2022

ISBN : 978-2-7256-4114-0

Code éditeur : 604114

Sommaire

3 - Visualisation positive

4 - Relaxation

5 - Écoute et ressentis

Introduction

« Le bonheur ne se trouve ni dans l'effort ni dans la lutte acharnée ; mais il réside là, tout proche : dans la détente, dans l'abandon, dans la sérénité et dans la plénitude physique et morale. »

Tahar Ben Jelloun

Présentation et démarche

Cet ouvrage s'adresse à tous les éducateurs (enseignants, parents, professeurs de yoga, de sophrologie pour enfants, de sport, animateurs, etc.) et aux familles bien sûr ; à toutes personnes désireuses de transmettre aux enfants une activité apportant bienêtre, détente, relaxation, bienveillance et envie de travailler dans de bonnes conditions.

Qu'est-ce qu'une activité détente à l'école ?

Une activité détente a pour but d'amener de la **décontraction** et de faire **relâcher les tensions** physiques et/ou mentales des enfants. Ces derniers arrivent à l'école avec leurs soucis, leurs histoires personnelles et doivent parvenir à se concentrer pour travailler – ce qui n'est pas toujours évident !

Le système scolaire français impose aux élèves beaucoup de contraintes : rester assis plusieurs heures par jour sur une chaise, réaliser des évaluations très régulièrement ce qui induit de nombreux moments d'anxiété, manger dans le bruit... Tout cela n'est pas sans conséquence sur les élèves qui se retrouvent très souvent agités et distraits.

Dans ce livre, plusieurs exercices sont donc proposés pour détendre les élèves et l'enseignant : des postures, des activités de respiration, de visualisation positive, de relaxation, d'écoute.

Ces activités sont essentiellement inspirées du **yoga**, qui est ma spécialité. Le yoga a plusieurs atouts, il ne se définit pas uniquement à travers des postures. Il est un outil formidable pour se détendre, se recentrer afin de mieux apprendre et il reste une activité non compétitive.

En outre, passer par ces exercices de détente permet de rentrer plus facilement dans les apprentissages.

Ces situations proposées ne sont pas exhaustives. Elles sont le fruit de beaucoup d'interventions dans les classes (du CP au CM2), de l'expérience et d'une observation attentive.

La mise en œuvre de ces activités détente dépendra de plusieurs critères : le temps et l'espace dont vous disposez, l'âge des enfants, le moment de la journée, votre envie et votre pratique personnelle...

Par ailleurs, il faut accepter que parfois cela ne fonctionne pas comme vous le souhaiteriez. Dans ce cas, il ne faut pas hésiter à stopper les exercices pour les reprendre plus tard. Pensez à vous respecter, à respecter le rythme des élèves et à vous adapter.

Pourquoi transmettre une activité détente aux enfants ?

Face à des enfants toujours plus rivés aux écrans, surexcités, hyperactifs ou au contraire apathiques, les éducateurs manquent en général de ressources ou de méthode pour capter leur attention et leur transmettre des savoirs. Ces activités détente sont de formidables pratiques pour relâcher les tensions et finalement se mettre en bonne disposition pour apprendre – surtout quand elles sont transmises dans la joie et la bonne humeur ! Il s'agit donc de vivre un moment de douceur et de bienêtre partagé pour ensuite pouvoir continuer sa journée d'école en toute sérénité.

Comment transmettre une activité détente aux enfants ?

Les éducateurs sont garants de l'ambiance de classe et de la manière dont ils enseignent, qui doit être bienveillante. Voici quelques conseils pour la mise en œuvre des activités détente :

- Garder **une posture bienveillante**, douce et ferme à la fois, permettant à l'enfant de se sentir rassuré et motivé.
- **Ne jamais contraindre** un enfant à pratiquer l'activité.
- Proposer **une pratique ludique** que les enfants (et vous-même !) apprécient.
- **Prendre le temps** de bien faire les exercices (en choisir peu est préférable dans un premier temps).
- **Varier les situations** : position statique, en mouvement, debout, sur une chaise, en classe, dehors, dans les couloirs, guidées par les élèves, en autonomie, etc.
- Insister sur **les respirations** qui amènent véritablement calme et détente.
- S'inspirer des exercices proposés, mais ne pas se sentir obligé de s'y confiner. Dès que vous avez un peu d'expérience, de connaissance, vous pouvez créer de nouvelles activités, les modifier, les améliorer à votre convenance.

En outre, on ne transmet pas de la même manière à un enfant de 6 ans et à un enfant de 10 ans. Il ne faut donc pas hésiter à faire évoluer les activités en fonction de l'âge des enfants et du contexte. Les activités présentées sont de bons modèles mais il est important de pouvoir les **adapter à sa pratique**.

Combien de temps pratiquer ?

Dans ce livre, différents types d'exercices vous sont présentés, ils sont de vrais outils pour vous et pour le groupe classe. En général, quelques minutes de pratique suffisent pour détendre les élèves.

Si vous choisissez de présenter une seule activité, cela ne vous prendra que 3 minutes. Cela suffit bien souvent à faire relâcher leurs tensions aux élèves et à les calmer ! Choisissez l'activité qui vous inspire parmi toutes celles proposées dans le livre.

Si vous avez un peu plus de temps, vous pouvez organiser une petite séance détente d'une quinzaine de minutes lors de laquelle vous présenterez deux ou trois activités. Dans ce cas, il est conseillé de sélectionner une posture dans la partie 1, un exercice de respiration dans la partie 2, et une activité dans les parties 3, 4 ou 5.

À quel moment proposer une activité détente ?

Les activités peuvent être proposées :

- au retour de la récréation ;
- après la pause de midi ;
- chaque matin en arrivant ;
- quand vous vous sentez très fatigué ;

- à un moment où les élèves sont particulièrement tendus ou fatigués ;
- avant une évaluation ;
- à la fin d'une séance de sport pour se relaxer, relâcher les tensions musculaires, etc.

Comment choisir l'activité ?

Feuilletez le livre, voyez quelle activité vous inspire compte tenu de vos affinités et des besoins de vos élèves. Faites-vous confiance.

Avant de proposer une activité, pratiquez-la vous-même préalablement. Expérimentez les différentes activités pour ressentir et apprécier les bienfaits que chacune procure, et ainsi vous rendre compte de celles qui correspondent le mieux à votre classe.

Quelques indications pratiques

Le lieu

Les activités proposées peuvent se pratiquer en classe (debout, assis), en salle de sport, à l'extérieur (dans la cour ou dans un lieu de nature). Attention aux lumières trop fortes qui entravent la détente.

La tenue

Une tenue confortable est recommandée pour pouvoir se mettre en mouvement et respirer sans être gêné. Les lunettes peuvent être ôtées, surtout lors de la relaxation.

La musique, les sons

Diffuser une musique relaxante n'est pas une obligation mais cela est un support envisageable. On peut par exemple diffuser des sons à partir de bols tibétains ou d'un carillon, qui favorisent en général l'écoute et le retour au calme.

Les différentes activités détente

Postures

Les postures mettent en jeu **le corps physique** et **la respiration**. Elles peuvent se dérouler assis, debout ou couché et sont généralement tenues **quelques secondes**. Chaque posture travaille une ou plusieurs parties du corps. Le dos est très souvent sollicité afin de l'étirer, de le redresser et de le tonifier. Elles sont pratiquées pour se mettre en mouvement, s'étirer et procurer un **bienêtre mental et corporel**. En général, les enfants apprécient car ils pensent à leur corps et sortent de la position statique habituellement attendue en classe.

Les postures décrites dans le livre sont faciles à mettre en pratique en classe et ne nécessitent pas d'expérience au préalable. Elles sont expliquées très simplement et clairement pour **mettre à l'aise l'enseignant qui démarre**.

Parfois, plusieurs postures peuvent être proposées à la suite et on parle alors d'un **enchainement**.

À la différence des adultes, les postures **pour enfants** ne sont pas maintenues très longtemps et l'aspect ludique garde son importance.

Respiration

La respiration est une action naturelle, automatique, dont nous n'avons généralement pas conscience. Pourtant, sans respiration, pas de vie ! Ce processus physiologique permet d'approvisionner l'organisme en oxygène, et de le libérer du dioxyde de carbone qu'il contient. La respiration est composée de **l'inspiration** (je prends l'air par le nez ou la bouche) et de **l'expiration** (je le rejette par le nez ou la bouche). Nous respirons naturellement, de manière automatique et inconsciente.

Accorder de l'importance au souffle, c'est donner à la respiration une plus grande place car c'est en prendre pleinement conscience. Cela procure très souvent une forme d'apaisement et d'**équilibre** pour le système nerveux.

Aussi, prendre 2 à 3 minutes par jour pour respirer en coordonnant le souffle avec des gestes doux permet à l'élève de **s'apaiser** et d'évacuer les différentes tensions qui résident dans son corps.

Pour finir, il est intéressant de comprendre **le lien souffle-mental** : plus le souffle est calme, plus le mental (c'est-à-dire les idées, les tourments qui nous traversent sans arrêt) s'apaise. Il existe donc un lien direct entre les deux. Pratiquer des exercices de respiration avec vos élèves leur permet d'être mieux concentrés sur leurs apprentissages !

Remarque

Les rétentions de souffle (qui consistent à couper sa respiration quelques secondes après l'inspiration) ne sont pas enseignées à l'école élémentaire. En effet, il ne faudrait pas que ce genre d'exercice soit considéré comme un jeu par les enfants et devienne dangereux.

Visualisation positive

La visualisation est une capacité mentale que nous avons tous à nous représenter un objet, un son (le courant d'une rivière), une situation, une sensation (le vent sur notre peau) ou une personne qu'on aime. La visualisation positive apprend à se projeter dans une situation de manière positive. C'est un très bon exercice de concentration mentale, d'abstraction. Il s'agit de faire « comme si on y était ».

Les exercices de visualisation positive sont généralement utilisés pour atteindre un objectif précis. Dans le cadre scolaire, ils ont pour but de **déstresser** et de **stimuler la confiance en soi** pour réussir un travail ou une évaluation. Ils permettent, s'ils sont faits de manière régulière, d'atténuer les peurs face à l'échec, de réduire les tensions et de rester concentré et motivé sur le long terme. Par ailleurs, c'est un excellent outil pour améliorer ses compétences mais aussi pour devenir plus optimiste dans la vie en général.

Relaxation

La relaxation a pour but de détendre le corps physique en provoquant un relâchement musculaire mais aussi de détendre le mental. Il s'agit de diminuer les tensions musculaires en prenant conscience de chaque partie du corps qui se relâche, et d'adopter une respiration paisible, tout cela au moyen d'une petite histoire qui fait voyager mentalement.

Écoute et ressentis

Les enseignants trouvent leurs élèves toujours plus dissipés et moins investis dans le moment présent et dans leurs enseignements. Ils ont donc besoin de stimuler **l'attention** et **la concentration** de leurs élèves.

À savoir

Attention et concentration, quelles différences entre les deux ?
Krishnamurti, penseur indien du xxe siècle, différencie « concentration » et « attention ». Selon lui, « la concentration, c'est rassembler toute son énergie pour la focaliser sur un certain point[1] ». En revanche, « dans l'attention, il n'y a pas de point de concentration ». L'attention, c'est le fait d'être ouvert vers l'extérieur, d'être réceptif à l'autre, au monde.

Partant de cette distinction, deux types d'exercices seront proposés dans ce chapitre :

- des activités pour apprendre à se centrer sur quelque chose de précis, à se focaliser sur un point ;
- des activités pour apprendre à être globalement attentif, prendre conscience de tout son être et de ce qui nous entoure.

Après une pratique régulière de ces deux types d'exercices, le stade suivant serait **la méditation**. Cette pratique ne rentre pas dans le cadre scolaire, elle ne sera pas abordée dans cet ouvrage.

1. *Lettres aux écoles*, 4, Le Courrier du Livre, 2000, p. 12-13, volume 2 (réuni avec le volume 1).

Prise en main de l'ouvrage

Chaque activité est présentée au moyen de plusieurs catégories :

- **Public** : précise à qui s'adresse cet exercice, cycle 2 ou 3.
- **Lieu** : indique si l'activité peut se faire en classe ou dans un espace plus adapté à cette pratique (une salle de sport, par exemple).
- **Durée** : indique le temps nécessaire au bon déroulement de l'activité.
- **Objectif** : détaille les différentes intentions (physiques ou psychiques) de chaque exercice.
- **Matériel** : mentionne le matériel nécessaire à prévoir dans quelques-uns des exercices.
- **Accompagnement sonore** : invite à l'utilisation de bols tibétains, d'un carillon ou d'une musique pour quelques exercices.
- **Déroulement** : décrit les différentes étapes à suivre (même si la personnalisation du jeu est bien sûr autorisée). Chaque geste est décrit précisément, des dessins accompagnent certains exercices pour plus de clarté.
- **Position de départ** : indique la position à adopter par l'enfant pour qu'il réalise convenablement la posture (allongé sur le dos, assis, debout, les bras le long du corps ou bien les mains dans le dos...).
- **Variante** : propose une version différente de l'exercice ou un approfondissement.
- **Remarque et conseil** : indique les détails à prendre en compte.

L'index thématique

L'index thématique situé en fin d'ouvrage permet une utilisation ciblée, rapide et pratique du livre en fonction des intentions recherchées.

Les ressources numériques

Vous trouverez en ressources numériques l'enregistrement de plusieurs activités présentées dans l'ouvrage. Ces enregistrements vous donnent un exemple du ton à employer et de l'ambiance à instaurer lorsque vous animez vous-même une activité détente.

De plus, ils permettent de proposer une activité détente à un petit groupe d'élèves laissé en autonomie.

Toutes les activités n'ont pas été enregistrées car ces enregistrements ont vocation à être des modèles. Les activités qui bénéficient d'un enregistrement sont marquées du pictogramme .

Postures

Le matin, pour commencer la journée ou bien lorsque la classe est un peu apathique, il est vivement conseillé de pratiquer une posture de yoga pour permettre à l'enfant de mettre son corps en mouvement, de l'étirer, de le tonifier.

Dans chaque posture décrite, une respiration est proposée. En général, les enfants inspirent par le nez et expirent par la bouche. Avec la pratique, il peut être proposé d'expirer par le nez, mais pas avant 9 ans.

Les enfants apprécient les postures de yoga, il faut toufefois veiller à ce qu'aucun esprit de compétition n'émerge entre les élèves. Il pourrait être utile de les mettre en garde à ce propos avant l'activité. On peut leur indiquer que ce moment n'est rien que pour eux, qu'il ne faut pas se comparer aux autres mais se centrer sur soi. Tout le monde est différent et chacun fait de son mieux.

Par ailleurs, il n'y a aucune obligation à pratiquer. Si jamais un enfant refuse, laissez-le seulement observer les autres sans déranger.

Petit conseil

Il faut accompagner les enfants dans les mouvements, surtout quand ils ne les connaissent pas. C'est-à-dire qu'on peut faire les mouvements en même temps qu'eux pour leur montrer l'exemple. Sinon, il faut au moins les décrire de manière très explicite.

Le palmier

Public	Cycles 2 et 3
Lieu	En classe, en salle de sport, dans un endroit calme
Durée	2 à 3 minutes
Objectif	S'étirer, se grandir, s'équilibrer

Déroulement

Position de départ : debout, les pieds joints, les bras le long du corps.

En inspirant, levez les bras au-dessus de la tête et étirez-les bien haut. Attachez vos pouces ensemble. Écartez bien les autres doigts, comme pour représenter la feuille d'un palmier. Grandissez-vous !

En expirant, ramenez doucement les bras le long du corps.

Recommencer deux fois.

Maintenant, vous amenez les bras au-dessus de la tête et vous vous mettez en même temps sur la pointe des pieds. Restez quelques secondes dans cette posture, respirez calmement et continuez à vous grandir ! Imaginez que vous êtes un palmier...

Puis, ramenez les bras le long du corps sur une expiration, tout en posant les talons au sol.

Recommencer une fois.

Variante

Une fois dans la posture, sur la pointe des pieds et bras au-dessus de la tête, vous pouvez vous déplacer dans l'espace pendant quelques secondes, puis revenir à votre place.

L'Égyptien

Public	Cycle 3
Lieu	En classe, en salle de sport, dans un endroit calme
Durée	2 à 3 minutes
Objectif	Se recentrer, ouvrir la cage thoracique, renforcer les muscles du haut du corps

Déroulement

Position de départ : debout, les pieds légèrement écartés, les bras le long du corps.

1 : Avancez la jambe droite devant vous (de 30 cm environ), le bassin reste dans l'axe. En inspirant, amenez les mains sur les épaules.

2 : En expirant, gardez les coudes pliés mais dégagez les mains de vos épaules et positionnez vos bras à la perpendiculaire, les paumes des mains qui regardent le visage. Prenez conscience de la jambe droite en la contractant légèrement. Restez deux respirations dans la posture en regardant fixement devant vous.

3 : Sur une inspiration, tournez les paumes des mains vers le haut, levez aussi le regard et la tête vers le plafond. Expirez dans cette position puis revenez dans la posture initiale.

Ramenez les mains sur les épaules, puis les bras le long du corps.

Recommencez maintenant avec la jambe gauche devant vous. Et n'oubliez pas de contractez légèrement cette jambe quand vous êtes en position.

Variante

Dans la posture de l'Égyptien, en inspirant, tournez le haut du corps vers la droite tout en fixant la main droite du regard. Puis revenez dans l'axe sur une expiration. Recommencer à gauche.

La poupée de chiffon

Public	Cycles 2 et 3
Lieu	En classe, en salle de sport, dans un endroit calme
Durée	2 à 3 minutes
Objectif	Relâcher les tensions, détendre le dos

Déroulement

Position de départ : debout, les pieds légèrement écartés, les bras le long du corps.

Enroulez la tête tout en regardant vos pieds, puis enroulez le dos petit à petit vers l'avant. Les genoux sont légèrement pliés et les bras sont complètement relâchés. Respirez tranquillement et pensez à détendre les épaules, le cou, le visage, les mâchoires, etc. Restez dans cette posture pendant trois ou quatre respirations, en essayant de vous détendre toujours plus.

Puis, sur une inspiration, remontez à la verticale lentement en déroulant votre dos, vertèbre après vertèbre.

Une fois debout, replacez correctement vos épaules, votre tête, vos bras le long du buste et observez quelques instants les ressentis.

Variante

Quand vous êtes la tête en bas, le dos enroulé, balancez les bras d'un côté et de l'autre comme un pendule. Pensez à toujours garder les bras bien relâchés et laissez faire le mouvement.

La marche consciente

Public	Cycles 2 et 3
Lieu	En classe, en salle de sport, dans la nature
Durée	3 à 5 minutes
Accompagnement sonore	Fond musical très doux et relaxant
Objectif	Apprendre à être dans l'instant présent

Déroulement

Position de départ : debout, les pieds légèrement écartés, les bras le long du corps, les épaules relâchées.

Décomposez votre marche de la manière suivante :

1 : en inspirant, soulevez la jambe droite, genou plié vers la poitrine ;

2 : en expirant, reposez le talon droit au sol puis le reste du pied comme si vous décomposiez le mouvement de la marche. Simultanément, vous soulevez le talon gauche.

C'est une marche lente où les mouvements du pied sont ralentis.

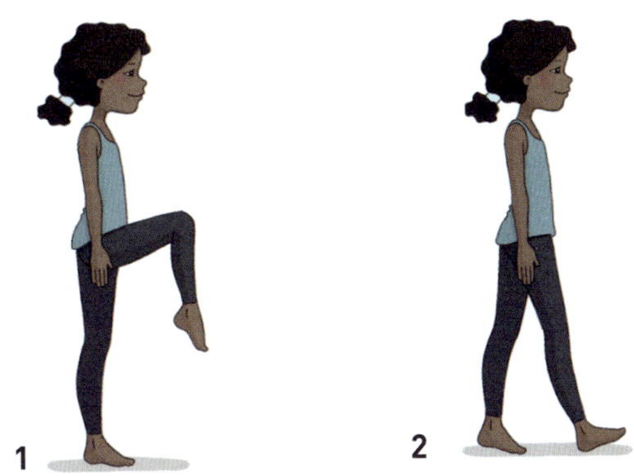

En inspirant, soulevez la jambe gauche, genou plié vers la poitrine ; en expirant, déposez le talon gauche au sol, tout en soulevant le talon droit.

Il est vraiment important de coordonner le souffle avec le mouvement. C'est cette action qui va permettre aux élèves de s'inscrire dans l'instant présent.

Remarque

L'exercice peut être fait une première fois pendant une minute. Puis, les fois suivantes, avec l'habitude, il est possible de le prolonger jusqu'à cinq minutes.

Se secouer

Public	Cycles 2 et 3
Lieu	En classe, en salle de sport, dans la nature
Durée	3 à 4 minutes
Objectif	Détendre tout le corps en le décontractant

Déroulement

Position de départ : debout, les pieds légèrement écartés, les bras le long du corps, les épaules relâchées.

Tout d'abord, commencez par secouer le bras droit, de l'épaule jusqu'au bout des doigts. Secouez-le vivement comme si vous aviez des fourmis dans le bras et que vous vouliez vous en débarrasser ! Faites cela durant plusieurs secondes.

Puis, laissez le bras droit tranquille et faites la même chose avec le bras gauche, de l'épaule jusqu'au bout des doigts. Faites cela durant plusieurs secondes.

Passez maintenant à la jambe gauche, de la hanche jusqu'au bout du pied. Secouez-la vivement. Faites cela durant plusieurs secondes.

Et finissez avec la jambe droite. Faites la même chose.

Maintenant, arrêtez-vous pendant quelques secondes. Observez votre corps dans son ensemble, écoutez-le pleinement, soyez attentifs à ce que vous ressentez.

Pour finir, secouer tout le corps en même temps sans oublier le visage : relâchez les mâchoires, la bouche, la tête. Secouez tout !

Remarque

Cet exercice très rigolo plait aux élèves et fait du bien !

Le flamant rose

Public	Cycles 2 et 3
Lieu	En classe, en salle de sport, dans la nature
Durée	3 à 4 minutes
Objectif	Apprendre à se concentrer, tenir en équilibre

Déroulement

Position de départ : debout, les pieds légèrement écartés, les bras le long du corps, le regard fixe.

Remarque

Pour tenir en équilibre, il est très important d'avoir le regard fixe, de ne pas être déconcentré. On ne peut pas fermer les yeux non plus.

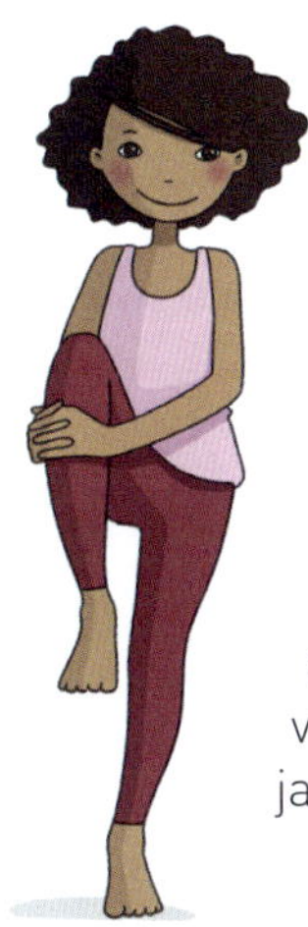

Déplacez le poids du corps du côté gauche, pliez un peu la jambe gauche. Restez bien concentrés. Respirez calmement par le ventre : en inspirant, le ventre se gonfle ; en expirant, le ventre se rentre.

Soulevez la jambe droite du sol, repliez le genou et coisez les mains autour du genou. Restez dans la posture le temps de deux ou trois respirations que vous faites dans le ventre.

Reposez doucement la jambe au sol et relâchez quelques instants avant de passer de l'autre côté. Désormais, c'est la jambe droite que vous pliez un peu et sur laquelle repose le poids du corps ; c'est la jambe gauche que vous soulevez.

Remarque

Il faut veiller à bien conserver le même nombre de respirations à droite et à gauche.

La chaise imaginaire

Public	Cycles 2 et 3
Lieu	En classe, en salle de sport, dans la nature
Durée	2 à 3 minutes
Objectif	Renforcer les muscles du dos et des cuisses

Déroulement

Position de départ : debout, les pieds joints, les bras le long du corps.

Sur une inspiration, pliez vos jambes jointes comme si vous vouliez vous assoir sur une chaise. Gardez les mains sur les cuisses pour le moment. Le dos reste le plus droit possible ! Respirez tranquillement plusieurs fois.

Puis, si vous le pouvez, levez les bras en les étirant au-dessus de la tête, les mains jointes. Gardez encore un peu la posture, respirez bien. Attention, cette position demande du tonus dans le dos !

Gardez toujours les bras tendus. Quand vous vous redressez, commencez par inspirer. Détendez vos jambes en les secouant tout doucement.

Relâchez le dos, les épaules en optant pour la posture de la « poupée de chiffon » quelques instants.

Et prenez le temps de vous redressez en déroulant votre dos vertèbre après vertèbre, la tête en dernier.

Ressentez pleinement votre corps qui vient d'être tonifié.

L'objet en équilibre

Public	Cycles 2 et 3
Lieu	En classe, en salle de sport
Durée	2 à 3 minutes
Objectif	Renforcer la capacité à se concentrer de manière ludique

Déroulement

Position de départ : debout, les pieds légèrement écartés, les bras le long du corps.

Prenez votre trousse. Posez-la sur la tête. Le but est de ne pas la faire tomber. Restez calmes, respirez tranquillement. Fermez les yeux et posez les mains sur le ventre.

Sentez votre respiration dans le ventre : à l'inspiration, le ventre se gonfle ; à l'expiration, le ventre se rentre.

Restez immobiles pendant cinq respirations avec la trousse sur la tête.

Puis, le plus calmement possible, prenez la trousse dans les mains, déposez-la sur la table et regagnez votre place.

Variante

On peut faire cette activité en changeant l'objet que l'on met sur la tête : un petit sac lesté, un stylo, un cahier...

Autre variante

On peut proposer aux enfants de se déplacer tout doucement avec l'objet sur la tête, sans le faire tomber.

La demi-lune

Public	Cycles 2 et 3
Lieu	En classe, en salle de sport
Durée	2 à 3 minutes
Objectif	S'étirer latéralement pour se détendre

Déroulement

Position de départ : debout, les pieds joints, les bras le long du corps.

Inspirez et relevez le bras droit au-dessus de la tête, comme si vous formiez un arc de cercle. Vous faites un croissant de lune avec votre bras. Regardez à l'intérieur du coude droit et faites deux respirations complètes. Puis revenez à la verticale sur une inspiration et ramenez le bras droit le long du corps.

Faites la même chose de l'autre côté : étirez le bras gauche au-dessus de la tête, formez un croissant de lune et regardez à l'intérieur du coude. Restez dans cette position durant deux respirations complètes en étirant bien le flanc. Puis revenez à la verticale sur une inspiration et ramenez le bras gauche le long du corps.

Recommencer encore une fois de chaque côté.

Observez vos ressentis dans votre corps tout entier pendant quelques instants.

L'archer détente

Public	Cycles 2 et 3
Lieu	En classe, en salle de sport, dans la nature
Durée	2 à 3 minutes
Objectif	Se détendre

Déroulement

Position de départ : debout, les pieds légèrement écartés, les bras le long du corps.

Avancez la jambe droite devant vous (environ 40 cm), ouvrez un peu le pied gauche sur le côté.

Étirez le bras gauche devant vous, repliez le bras droit, coude droit à l'arrière, poing droit fermé.

Inspirez pleinement dans la poitrine qui se soulève. En expirant, étirez le bras droit à côté du bras gauche, la main droite rejoint la main gauche. En même temps, pliez la jambe droite, le genou forme un angle droit.

Lorsque les deux mains se rejoignent, vous prononcez intérieurement un mot doux qui fait du bien : *joie*, *douceur*, *détente*, *calme*, *paix*, etc., celui que vous aimez.

C'est un mouvement dynamique. On le reproduit trois fois.

À la quatrième fois, vous restez dans la position finale durant deux ou trois respirations complètes, immobiles, avec votre mot qui résonne à l'intérieur de vous. Le regard est dirigé vers les mains. Vous pouvez, si vous le voulez, compter vos respirations. Restez bien présents, ressentez vos jambes, vos pieds ancrés dans le sol.

Avant de passer de l'autre côté, prenez un temps pour observer les sensations dans le corps. Ressentez-vous des différences entre le côté droit et le côté gauche ?

Reproduire ces enchainements de l'autre côté.

L'avion

Public	Cycles 2 et 3
Lieu	En classe, en salle de sport, dans la nature
Durée	2 à 3 minutes
Objectif	Se tenir en équilibre, se concentrer

Petit conseil

Avant une évaluation orale ou écrite, il est très intéressant de proposer une posture d'équilibre pour stimuler la concentration.

Déroulement

Position de départ : debout, les pieds légèrement écartés, les bras le long du corps.

Pour arriver à tenir en équilibre, il faut que vous fixiez quelque chose avec les yeux, un point sur le mur ou au sol. Surtout, essayez de rester concentrés avec le regard.

Ouvrez les bras sur les côtés, paumes des mains vers le sol. Levez très doucement la jambe droite vers l'arrière. Attention, ne tournez pas le bassin à droite, votre ventre regarde le sol, votre tête également.

Respirez tranquillement, faites deux à trois respirations complètes en conservant l'équilibre.

La posture pourra être tenue de plus en plus longtemps avec de l'entrainement et de la concentration.

Puis ramenez doucement la jambe droite à côté de la jambe gauche.

Reprenez la posture debout, détendez les épaules et les jambes en les secouant doucement. On va faire la même chose de l'autre côté.

Reproduire la même posture en soulevant la jambe gauche cette fois-ci.

Vous êtes dans la posture debout, les bras le long du corps. Observez votre corps tout entier, votre respiration, et surtout voyez si vous vous sentez plus calmes.

Laisser un moment de silence.

Remarque

Il ne faut pas hésiter à lancer des petits défis aux enfants lorsqu'on leur propose une posture d'équilibre : cela leur plait beaucoup d'essayer de tenir la position le plus longtemps possible !

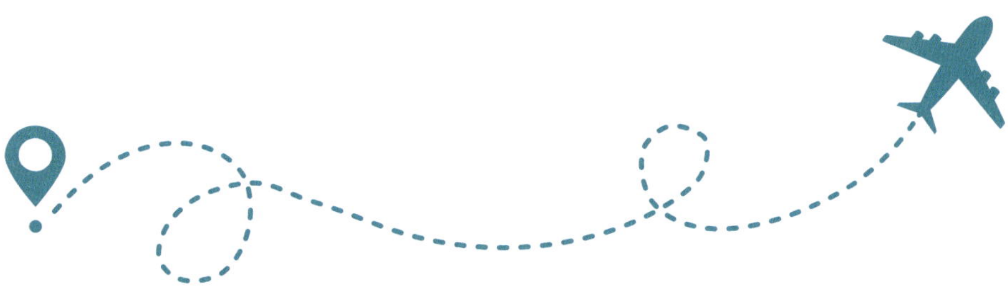

L'enchainement sur chaise

Public	Cycles 2 et 3
Lieu	En classe
Durée	5 minutes
Objectif	S'étirer, se redresser et se détendre

Déroulement

Position de départ : assis, les pieds légèrement écartés, les bras le long du corps.

1 : Concentrez-vous sur votre respiration : à l'inspiration, l'air entre par les deux narines ; à l'expiration, vous soufflez doucement et longuement par la bouche. Faites cinq respirations.

Puis, sur une prochaine inspiration, levez les deux bras au-dessus de la tête. Expirez dans la posture.

Inspirez, grandissez-vous, étirez vos bras comme si les doigts allaient toucher le plafond. Expirez en ramenant les bras le long du corps.

2 : Inspirez en posant votre main gauche sur le pied arrière de la chaise, et en étirant votre bras droit vers le plafond à la verticale. Expirez en restant dans cette position. Regardez vers votre main droite.

Inspirez et redressez-vous, le dos droit. Expirez tranquillement par la bouche.

Faites la même chose de l'autre côté.

Revenez à la verticale, bien assis sur vos chaises. Expirez tranquillement par la bouche.

3 : Sur une inspiration, amenez les deux bras à l'arrière de la chaise, étirez le cou vers l'arrière et regardez vers le haut. Le dos se creuse un peu, attention à ne pas exagérer la cambrure.

4 : En expirant, arrondissez votre dos et relâchez les bras vers l'avant, entre les jambes. Puis déroulez tout doucement, la tête en dernier.

Recommencer trois fois ce mouvement.

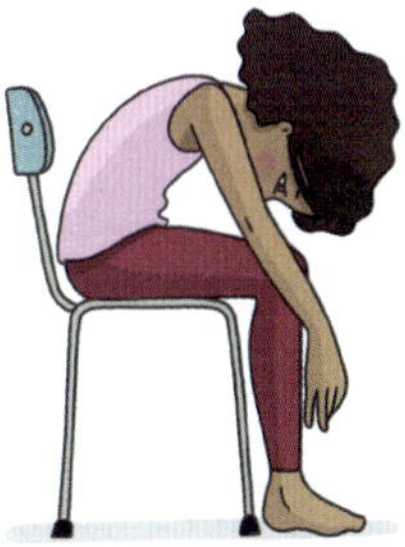

5 : Maintenant, redressez-vous et fermez les yeux quelques instants. Imaginez dans votre tête les mouvements que nous venons de faire, essayer de les revoir dans l'ordre.

Laisser un moment de silence

Frottez les mains l'une contre l'autre et déposez-les sur vos yeux. Fermez les yeux. Restez comme cela, tranquilles, quelques instants.

Puis reposez les mains sur les cuisses, ouvrez les yeux, regardez tout ce qui vous entoure. Préparez-vous à reprendre vos activités de manière plus détendue après avoir pratiqué ce petit enchainement !

Petit conseil

Cet enchainement étant un peu technique et pour que les enfants ne se fassent pas mal, accompagnez-les bien dans les mouvements en montrant l'exemple.

L'arbre en binôme

Public	Cycles 2 et 3
Lieu	En classe, en salle de sport, en extérieur
Durée	5 minutes
Objectif	S'équilibrer à deux, travailler la coopération

Déroulement

Position de départ : debout, les pieds légèrement écartés, les bras le long du corps.

Introduction

Je vous propose de réaliser une posture d'équilibre par deux.

On peut laisser les élèves choisir leur partenaire ou bien leur demander de se mettre avec leur voisin le plus proche, pour plus de commodités.

Dans un premier temps, vous ferez la posture de l'arbre tout seul, mais en vous mettant face à votre binôme. Puis vous recommencerez la posture de l'arbre une deuxième fois en la faisant à deux. Quand vous la ferez à deux, vous aurez une partie du corps en contact avec celui de votre camarade. C'est vous qui choisissez la partie du corps que vous souhaitez faire toucher à l'autre : cela peut être le pied, le front, les doigts, l'épaule...

Étape 1 : les arbres face à face

Debout, les bras le long du corps, mettez-vous côte à côte.

Déplacez tout le poids du corps à droite, allégez le côté gauche. Placez votre talon gauche à l'intérieur de votre jambe droite, en gardant les orteils au sol. Regardez votre partenaire !

Les mains sont jointes devant la poitrine. Respirez tranquillement dans le ventre pendant trois ou quatre respirations.

Maintenant, remettez vos pieds parallèles, légèrement écartés. Changez de côté, déplacez le poids du corps à gauche et allégez tout le côté droit. Placez le pied droit à l'intérieur de la jambe gauche. Respirez par le ventre durant trois ou quatre respirations.

Replacez vos deux pieds dans le sol, les bras reviennent le long du corps.

Étape 2 : les arbres en contact

À deux, prenez le temps de décider ensemble quelle partie du corps vous allez mettre en contact.

Laisser une minute aux élèves pour qu'ils se concertent.

Refaites la posture de l'arbre comme tout à l'heure, mais en vous touchant mutuellement une partie du corps, celle que vous avez décidé.

Si vous vous sentez à l'aise, levez un peu plus haut que tout à l'heure la jambe qui est en équilibre. Si vous êtes stables, vous pouvez monter votre talon jusqu'au niveau du genou.

Restez quelques respirations dans la posture à deux, celle que vous avez créée ensemble. Bravo !

Recommencez ensuite cette posture en changeant de côté.

Remarque

Il est possible de proposer à chaque binôme de présenter sa posture aux autres. Les autres binômes peuvent ensuite reproduire la posture de leurs camarades. Cela prendra plus de temps mais l'exercice plait beaucoup aux enfants.

L'enchainement de l'éléphant

Public	Cycles 2 et 3
Lieu	En classe, en salle de sport, en extérieur
Durée	5 minutes
Objectif	Étirer le dos, coordonner respiration et mouvement

Pour la petite histoire…

En Inde, l'éléphant est un animal qui symbolise la force tranquille qui sait surmonter les obstacles. Cet enchainement a donc pour but de stimuler la confiance en soi.

Déroulement

Position de départ : debout, les pieds légèrement écartés, les bras le long du corps.

1 : Inspirez et amenez les bras vers le ciel, tapez dans les mains.

2 : Expirez, fléchissez les genoux, et descendez les bras. Attachez les mains ensemble en les dirigeant vers le sol, posez le ventre sur les cuisses.

3 : Inspirez et déposez les coudes sur les cuisses, les mains jointes sur le front.

4 : Expirez et croisez les bras, placez le dos des mains sur les oreilles. Vos jambes sont toujours fléchies.

5 : Inspirez, relâchez les bras vers l'avant, le dos rond, genoux fléchis, expirez. Inspirez et déroulez la colonne vertébrale petit à petit, la tête en dernier, pour revenir à la verticale.

Recommencer cet enchainement au moins deux fois.

L'aigle

Public	Cycles 2 et 3
Lieu	En classe, en salle de sport, dans la nature
Durée	2 à 3 minutes
Objectif	Se tenir en équilibre, se concentrer

Déroulement

Position de départ : debout, les pieds légèrement écartés, les bras le long du corps.

Fixez un point devant vous ou au sol, vous allez devoir tenir en équilibre. Restez bien concentrés sur ce point pendant toute l'activité.

Déplacez tout le poids du corps à droite, la jambe droite légèrement fléchie. À gauche, vous devez vous sentir très légers. Puis placez le pied gauche à l'arrière de la jambe droite, sur le mollet.

Mettez ensuite les paumes des mains devant la poitrine, mains croisées, pouces qui s'entrelacent. Les autres doigts sont écartés.

Vous êtes dans la posture de l'aigle. Tout en respirant tranquillement, pensez quelques instants à cet oiseau, l'aigle, à son regard perçant, à sa force.

Laisser un moment de silence.

Puis, ramenez le pied gauche à côté du pied droit et relâchez les mains. Faites une respiration avant de passer de l'autre côté. Reproduisez la même posture : le poids du corps, le pied à l'arrière du mollet, les mains. Pensez à l'aigle.

Laisser un moment de silence.

Reprenez maintenant la posture debout initiale, relâchez vos bras et vos jambes en les secouant doucement. Bougez la tête dans un sens, puis dans l'autre. Sentez comme l'aigle vous a apporté de la concentration !

La cascade

Public	Cycles 2 et 3
Lieu	En classe, en salle de sport, en extérieur
Durée	5 minutes
Objectif	S'étirer, se grandir

Déroulement

Position de départ : debout, les pieds joints, les bras le long du corps.

Sur une inspiration, levez les bras vers le plafond et tournez les paumes des mains et la tête vers le haut. Expirez dans la posture. Inspirez à nouveau en vous étirant. Puis, sur une expiration, ramenez doucement les bras le long du corps.

Dans la posture de la cascade, les enfants sont en extension, le dos est légèrement creusé, les fessiers peuvent être contractés pour protéger le bas du dos.

La posture peut être reprise une deuxième fois.

Maintenant, vous pouvez plier les genoux et arrondir le dos, les bras complètement relâchés vers l'avant pendant quelques secondes.

Cette deuxième position permet de compenser la première. En effet, le dos s'enroule vers l'avant et se relâche complètement, à l'inverse de la cascade où le dos est en extension.

La danseuse indienne

Public	Cycles 2 et 3
Lieu	En classe, en salle de sport, en extérieur
Durée	5 minutes
Objectif	Tenir en équilibre, ouvrir la cage thoracique

Déroulement

Position de départ : debout, les pieds légèrement écartés, les bras le long du corps.

Posez le regard vers le sol ou le mur devant vous pour rester concentrés.

Basculez le poids du corps à droite, allégez tout le côté gauche. Amenez le talon gauche sur la fesse gauche, la cuisse est tout étirée et le pied est soutenu par votre main gauche.

Levez le bras droit et étirez-le. Si vous êtes stables, basculez un peu le buste vers l'avant.

Restez immobiles durant deux à trois respirations complètes. Respirez dans le haut du corps.

Puis, doucement, en prenant votre temps, ramenez votre bras droit le long du buste et redescendez la jambe gauche à côté de la jambe droite.

Observez l'intérieur de votre corps durant quelques secondes, yeux fermés si possible. Ressentez-vous des différences entre le côté droit et le côté gauche ?

Maintenant, faites la même chose de l'autre côté : basculez le poids du corps à gauche, mettez le talon droit sur la fesse droite, étirez le bras droit vers le ciel. Restez ainsi pendant plusieurs respirations.

Puis revenez tranquillement les deux jambes côte à côte et le bras gauche le long du buste.

La danse des bras

Public	Cycles 2 et 3
Lieu	En classe, en salle de sport, en extérieur
Durée	5 minutes
Objectif	Coordonner mouvement et souffle, se recentrer

Déroulement

Position de départ : debout ou assis, les bras le long du corps.

Petit conseil

Cet enchainement est assez complexe. Il faut donc faire les mouvements en même temps que les élèves.

1 : Inspirez par les deux narines et étirez les bras devant vous, paumes des mains vers le plafond.
En expirant, ramenez la main droite sur l'épaule gauche et la main gauche sur l'épaule droite.

2 : Inspirez par les deux narines et étirez les bras au-dessus de la tête.
En expirant, ramenez la main droite sur l'épaule gauche et la main gauche sur l'épaule droite.

3 : Inspirez par les deux narines et étirez les bras sur les côtés.
En expirant, ramenez la main droite sur l'épaule gauche et la main gauche sur l'épaule droite.

Ensuite, recommencer l'enchainement en inversant les mains (d'abord la main gauche sur l'épaule droite, puis la main droite sur l'épaule gauche).

On peut recommencer plusieurs fois les enchainements et varier le rythme, plus ou moins rapide, plus ou moins lent.

La petite graine

Public	Cycles 2 et 3
Lieu	En classe, en salle de sport, en extérieur
Durée	4 à 5 minutes
Objectif	Enrouler, dérouler la colonne, s'étirer

Déroulement

Position de départ : accroupi, la tête dans les genoux.

1 : Vous êtes accroupis, la tête dans les genoux comme une petite graine plantée dans la terre. Respirez tranquillement.

2 : Vous allez dérouler votre dos très doucement en imaginant que cette petite graine sort doucement de la terre. Levez tout d'abord les fesses vers le plafond, votre ventre reste collé aux cuisses. Petit à petit vous vous redressez, votre dos est tout rond et remonte progressivement. Vous devenez un arbuste, puis un arbre fort et vigoureux, bien ancré dans la terre, enraciné.

3 : Vous êtes maintenant à la verticale, les bras viennent au-dessus de la tête et s'étirent vers le plafond, comme les branches de l'arbre. Faites une respiration dans cette posture : inspirez, expirez profondément.

On peut recommencer cet enroulement et déroulement de la colonne trois à quatre fois.

Puis, vous pouvez recommencer à vous enrouler vers l'avant pour redevenir durant quelques instants la petite graine dans la terre, accroupis et immobiles.

Remarque

Les enfants apprécient cet exercice imagé et le pratiquent volontiers. Vous pouvez bien entendu modifier ou rallonger l'histoire de l'arbre et de la petite graine : le vent peut souffler dans les branches (les enfants balancent les bras) ou l'arbre peut perdre ses feuilles (l'enfant se secoue), par exemple.

Vider l'énergie dans les jambes

Public	Cycles 2 et 3
Lieu	En classe, en salle de sport, en extérieur
Durée	4 à 5 minutes
Objectif	Dépenser son énergie pour mieux se recentrer ensuite

Déroulement

Position de départ : debout, derrière sa chaise, les mains en appui sur le dossier. Ou bien debout tout simplement, les bras le long du corps si vous êtes en extérieur ou en salle de sport.

Vous allez sauter à pieds joints derrière votre chaise pendant dix secondes. Je compte et quand j'arrive à 10, vous devenez complètement immobiles et silencieux. C'est parti !

Compter à voix haute jusqu'à 10. Après quelques instants d'immobilité, recommencer deux ou trois fois cet exercice.

Maintenant que vous avez beaucoup sauté sur place, prenez le temps d'écouter votre cœur : posez votre main sur le cœur et sentez-le battre.

Laisser un moment de silence.

Puis faites quelques respirations de la manière suivante : inspirez par les deux narines en ouvrant les bras sur les côtés, expirez par la bouche en vidant bien vos poumons et en ramenant les bras le long du corps.

Faire cette respiration trois fois de suite.

Déposez finalement les mains sur le ventre et fermez les yeux. Vous êtes complètement silencieux, écoutez les bruits qui viennent de l'extérieur.

Laisser un moment de silence.

Ramenez les bras le long du corps, ouvrez les yeux et revenez tranquillement à vous.

Remarque

Cette pratique qui consiste à « vider l'énergie dans les jambes » fonctionne très bien, surtout quand les enfants sont assis depuis longtemps sur leur chaise en classe.

Respiration

On peut proposer des exercices de respiration à tout moment de la journée : le matin à l'accueil, après une évaluation, après le repas... Ils prennent peu de temps et sont facile à mettre en œuvre. S'ils sont pratiqués de façon régulière et ritualisée, les enfants pourront se les approprier rapidement, et peut-être même les reproduire chez eux de façon autonome.

Il faut toujours inviter les enfants à inspirer par le nez et expirer par la bouche. S'ils sont vraiment habitués et à l'aise avec ce genre de pratique, on pourra leur proposer d'expirer par le nez dans un second temps. Dans tous les cas, il faut bien les guider en faisant les mouvements en même temps qu'eux.

Mains ouvertes/mains fermées

Public	Cycles 2 et 3
Lieu	En classe, en salle de sport, dans la nature
Durée	2 à 3 minutes
Objectif	Se recentrer sur l'instant présent à l'aide de la respiration et des mains

Déroulement

Position de départ : assis, le dos droit, les mains sur les cuisses ou sur la table.

Regardez vers le bas. Vous pouvez fermer les yeux ou les garder ouverts, c'est comme vous préférez.

Inspirez par les deux narines en ouvrant les mains, tournez les paumes des mains vers le plafond. Expirez par la bouche en laissant passer un léger filet d'air et en refermant vos poings.

Recommencer cinq à dix fois.

Variante

En cycle 3, quand les élèves deviennent à l'aise avec ce rituel, on peut aller plus loin.

Maintenant, laissez vos mains posées sur la table ou sur vos cuisses. Mais quand vous inspirerez, vous imaginerez vos mains s'ouvrir. Quand vous expirerez, vous visualiserez vos mains en train de se fermer.

Cette variante est un très bon exercice de respiration et de concentration.

La respiration de Darkvador

Public	Cycle 2 et 3
Lieu	En classe, en salle de sport, dans la nature
Durée	2 à 3 minutes
Objectif	Se recentrer en prenant conscience de sa respiration, se calmer

Déroulement

Position de départ : assis, le dos droit, les mains sur les cuisses ou sur la table.

Cet exercice de respiration se fait uniquement par le nez, la bouche est fermée.

Vous allez respirer dans la gorge, comme Darkvador. Inspirez et expirez dans la gorge en émettant un léger bruit, un peu comme quand vous vous endormez avec une respiration forte. Attention à ne pas exagérer le bruit de cette respiration ! Restez calme et inspirez, puis expirez profondément.

Pour encore mieux saisir cette respiration, déposez une main sur votre cou et écouter le bruit de la gorge à l'inspiration comme à l'expiration. Entendez l'inspiration, entendez l'expiration.

Cinq à dix respirations peuvent déjà amener beaucoup de détente dans tout le corps et la tête.

Cessez cet exercice et revenez à une respiration silencieuse que vous ne forcez plus. Revenez à des respirations naturelles et automatiques, sans aucun bruit.

La respiration les bras croisés

Public	Cycle 3
Lieu	En classe, en salle de sport, dans la nature
Durée	2 à 3 minutes
Objectif	Retrouver son calme, améliorer la coordination et la latéralisation

Déroulement

Position de départ : assis, le dos droit, les bras le long du corps.

1 : En inspirant, levez le bras droit le long du visage. En expirant, levez le bras gauche le long du visage.

2 : En inspirant, ramenez la main droite sur l'épaule gauche (le coude replié). En expirant, ramenez la main gauche sur l'épaule droite. Les bras sont donc croisés, les mains sur les épaules.

3 : En inspirant, levez maintenant le bras gauche le long du visage. En expirant, levez le bras droit le long du visage.

4 : En inspirant, ramenez la main gauche sur l'épaule droite (le coude replié). En expirant, ramenez la main droite sur l'épaule gauche.
On peut recommencer trois ou quatre fois l'enchainement.

Je compte mes respirations

Public	Cycles 2 et 3
Lieu	En classe, en salle de sport, dans la nature
Durée	2 à 3 minutes
Objectif	Se concentrer et se détendre en respirant de manière très régulière

Déroulement

Petit conseil

Comptez les temps d'inspiration et les temps d'expiration à haute voix ou marquez-les d'un claquement de mains de manière répétitive et régulière (environ un claquement toutes les secondes).

Position de départ : assis, le dos droit, les bras le long du corps.

Fermez les yeux ou fixez un point au sol.
Inspirez sur deux claquements de mains, expirez sur trois claquements de mains. L'expiration peut se faire par le nez ou bouche ouverte en laissant passer un léger filet d'air.

On peut varier le temps des inspirations et des expirations mais il vaut mieux commencer par ce qui est proposé ci-dessus durant deux à trois semaines. Penser à observer les élèves quand ils respirent. S'ils semblent très à l'aise, on peut ajouter des temps supplémentaires avec toujours une expiration plus longue, car le fait d'allonger l'expiration va leur permettre de se détendre un peu plus.

La respiration des doigts de la main

Public	Cycles 2 et 3
Lieu	En classe, en salle de sport, dans la nature
Durée	3 à 4 minutes
Objectif	Diminuer l'agitation du mental, améliorer la coordination et la latéralisation

Déroulement

Position de départ : assis, le dos droit, les bras le long du corps.

Les premières fois, les élèves gardent les yeux ouverts. Avec la pratique et l'habitude, on peut leur proposer de les fermer (surtout au cycle 3).

1 : En inspirant par le nez, ouvrez les mains. En expirant par la bouche ou le nez, le pouce et l'index se touchent.

2 : En inspirant par le nez, ouvrez les mains. En expirant par la bouche ou le nez, le pouce et le majeur se touchent.

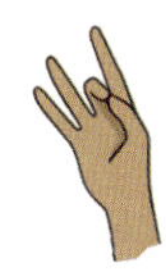

3 : En inspirant par le nez, ouvrez les mains. En expirant par la bouche ou le nez, le pouce et l'annulaire se touchent.

4 : En inspirant par le nez, ouvrez les mains. En expirant par la bouche ou le nez, le pouce et l'auriculaire se touchent.

Recommencer trois ou quatre cycles. Encourager les élèves à suivre le rythme de leur propre respiration et donc à effectuer l'activité en autonomie.

Variante

Cette deuxième proposition s'adresse plutôt à des élèves de cycle 3. C'est un très bon exercice de concentration.

Désormais, ne bougez plus les doigts, mais imaginez vos doigts bouger dans votre tête au rythme de votre respiration. Vous faites le même exercice que tout à l'heure mais en visualisant vos doigts plutôt qu'en les bougeant vraiment.

Je secoue mes épaules

Public	Cycles 2 et 3
Lieu	En classe, en salle de sport, dans la nature
Durée	2 à 3 minutes
Objectif	Relâcher les tensions dans les épaules et dans le haut du corps, évacuer les soucis

Déroulement

Position de départ : assis, le dos droit, les bras le long du corps, les yeux ouverts.

Inspirez en levant les épaules jusqu'aux oreilles et en fermant les poings. Expirez par la bouche en secouant les épaules plusieurs fois et en ouvrant les mains.
Recommencer trois fois.
Inspirez en levant les épaules jusqu'aux oreilles et en fermant les poings. Contractez épaules et poings, expirez très lentement en ouvrant un peu la bouche et en émettant le son « s » du serpent.
N'oubliez pas en expirant d'ouvrir doucement les mains.
Recommencer trois fois.

Je relâche mes tensions

Public	Cycles 2 et 3
Lieu	En classe, en salle de sport, dans la nature
Durée	2 à 3 minutes
Objectif	Relâcher les tensions dans le ventre et dans tout le corps, évacuer les soucis

Déroulement

Position de départ : debout, les jambes légèrement écartées, les pieds tournés vers l'extérieur, les bras le long du corps.

1 : Inspirez en levant les bras semi-pliés le long du visage, expirez en amenant les bras vers l'avant, le buste vers l'avant, les jambes semi-pliées, la bouche ouverte.

2 : Et maintenant, expirez, videz bien tout l'air qui est dans vos poumons en rentrant le ventre. En même temps que vous expirez, balancez les bras de chaque côté du corps. Les bras sont tout mous, complètement relâchés.
Quand vous vous redressez, faites-le lentement, en déroulant le dos vertèbre après vertèbre, la tête en dernier.
Recommencer trois fois.

1

2

Détente dans le ventre

Public	Cycles 2 et 3
Lieu	En classe, en salle de sport, dans la nature
Durée	2 à 3 minutes
Objectif	Relâcher les tensions dans le ventre, détendre tout le corps

Déroulement

Position de départ : assis, les mains sur le ventre, les yeux fermés ou ouverts avec le regard vers le sol.

1 : Inspirez par le nez, la poitrine se soulève. Expirez par le ventre, vous le rentrez doucement en décomptant à l'intérieur de votre tête : 3, 2, 1.

2 : Inspirez par le nez. Puis expirez par le ventre, vous le rentrez doucement en décomptant à l'intérieur de votre tête : 4, 3, 2, 1.

3 : Inspirez par le nez. Puis expirez par le ventre, vous le rentrez doucement en décomptant à l'intérieur de votre tête : 5, 4, 3, 2, 1.

Petit conseil

Décompter à partir de cinq peut sembler trop long au début. Dans un premier temps, il vaut mieux décompter plusieurs fois à partir de trois. Le souffle des élèves s'allongera avec une pratique régulière.

Avant de rouvrir les yeux, gardez un moment les mains sur le ventre, restez calmes quelques secondes, sentez votre souffle à l'entrée des narines.

Je place mon souffle

Public	Cycles 2 et 3
Lieu	En classe, en salle de sport, dans la nature
Durée	2 à 3 minutes
Objectif	Prendre conscience de sa respiration dans la poitrine et dans le ventre

Déroulement

Position de départ : assis ou debout, une main sur le ventre, une main sur la poitrine.

Fermez les yeux ou bien fixez un point au sol.

Quand vous inspirez par le nez, sentez la poitrine qui se soulève sous la main. Quand vous expirez par la bouche ou le nez, sentez le ventre qui se rentre sous la main.

Continuez sur cinq respirations.

Ensuite, échangez les mains de place, celle qui était sur le ventre vient se poser sur la poitrine et celle qui était sur la poitrine vient se poser sur le ventre. Recommencez sur cinq respirations que vous pouvez compter intérieurement. Sentez bien la poitrine et le ventre qui bougent quand vous respirez.

Remarque

C'est un très bon exercice pour prendre conscience du souffle qui se déplace dans différents endroits du corps.

La respiration alternée

Public	Cycle 3
Lieu	En classe, en salle de sport, dans la nature
Durée	2 à 3 minutes
Objectif	Équilibrer le mental et le système nerveux par une respiration régulière

Déroulement

Position de départ : assis, les mains sur les cuisses ou sur la table.

On commence avec la main droite.

1 : Bouchez la narine droite avec le pouce droit et inspirez par la narine gauche.

2 : À la fin de l'inspiration, pincez les deux narines durant deux secondes.

3 : Puis enlevez le pouce de la narine droite, gardez l'index qui bouche la narine gauche, expirez par la narine droite. Puis réinspirez par la narine droite.

4 : Pincez les deux narines durant deux secondes.

5 : Expirez par la narine gauche, réinspirez par cette même narine.
Recommencer cinq fois le cycle.

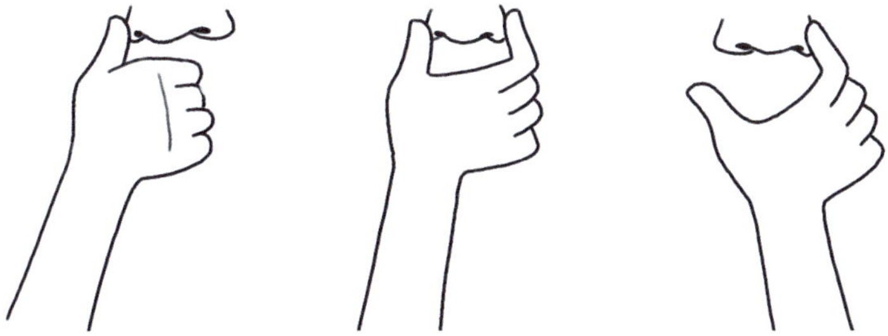

1 2 3

Petit conseil

Si vous poursuivez pendant plusieurs minutes, pensez à proposer aux élèves de changer de main pour qu'ils ne se fatiguent pas trop.

La respiration égyptienne

Public	Cycles 2 et 3
Lieu	En classe, en salle de sport, dans la nature
Durée	2 à 3 minutes
Objectif	Coordonner mouvement et souffle, prendre conscience de sa respiration

Déroulement

Position de départ : debout, les pieds joints, les bras le long du corps.

En inspirant par les deux narines, vous amenez les bras au-dessus de la tête pouces attachés et vous vous vous mettez sur la pointe des pieds.

En expirant, vous ramenez les bras le long du corps et vous fermez les poings, talons au sol.

Recommencer une dizaine de fois.

Variante

Reproduire le même rituel en mettant un pied devant l'autre (plutôt qu'en les gardant joints).

Fixez un point, vous vous tenez en équilibre.

Placez le pied droit quelques centimètres devant le pied gauche. Grandissez-vous à l'inspiration, redescendez et fermer les poings à l'expiration.

Faire le mouvement pendant cinq respirations avec l'un des pieds devant, puis pendant cinq respirations avec l'autre pied devant.

La respiration de la momie

Public	Cycles 2 et 3
Lieu	En classe, en salle de sport, dans la nature
Durée	2 à 3 minutes
Objectif	Coordonner mouvement et souffle, prendre conscience de sa respiration

Déroulement

Position de départ : assis, les bras le long du corps.

Déposez la main droite sur l'épaule gauche et la main gauche sur l'épaule droite. Vous êtes comme des momies qui vont respirer !

1 : Quand vous inspirez, bouche fermée, prenez de l'air par les deux narines et soulevez vos coudes pour laisser passer le souffle dans la cage thoracique.

2 : Quand vous expirez, enroulez-vous vers l'avant et lâchez le souffle doucement par la bouche en gardant toujours les mains sur les épaules.

Reproduire cet exercice pendant cinq respirations. Compter les respirations avec les élèves. Laisser un moment de silence entre chaque respiration.

Reprenez la position de départ, les bras le long du corps. Fermez les yeux pour apprécier le moment présent pendant quelques instants.

1

2

La respiration des mots doux

Public	Cycles 2 et 3
Lieu	En classe, en salle de sport, dans la nature
Durée	2 à 3 minutes
Objectif	Se détendre mentalement, pacifier le mental

Déroulement

Position de départ : assis, les bras le long du corps.

Déposez les mains sur les cuisses, l'une dans l'autre pour qu'elles forment une coupe.

Soit vous décidez de fermer les yeux, soit vous préférez fixer un point du regard (un objet, un point sur le mur, sur le sol, etc.).

Maintenant, inspirez profondément et calmement par les deux narines, la poitrine se soulève. Tout en inspirant, prononcez intérieurement le mot « douceur ». Quand vient l'expiration, soufflez doucement par la bouche ou par le nez et prononcez intérieurement le mot « calme ». Continuez ainsi sur dix respirations environ en gardant bien en tête les deux mots proposés : « douceur » et « calme ».

En prononçant ces mots, vous pourrez observer que votre corps et votre tête vont petit à petit se détendre, se relâcher.

Petit conseil

N'hésitez pas à proposer cette activité dès que la classe est agitée ou que vous vous sentez vous-même tendu.

La respiration rafraichissante

À savoir

Cette respiration d'origine indienne s'appelle Sitali.

Public	Cycles 2 et 3
Lieu	En classe, en salle de sport, dans la nature
Durée	2 à 3 minutes
Objectif	Faire baisser l'énervement

Déroulement

Position de départ : assis, le dos droit, les mains sur les cuisses.

Formez un tube avec votre langue, sortez la langue de la bouche. Inspirez par ce tube. À l'expiration, vous rentrez la langue et vous fermez la bouche, vous expirez par le nez.
Recommencer cinq fois.

À savoir

La capacité à former un tube avec sa langue est génétique. Certaines personnes ne le peuvent pas et ne le pourront jamais, ce n'est pas lié à l'entrainement !

Variante

Pour ceux d'entre vous qui ne peuvent pas faire de tube avec leur langue, sortez la langue et formez un « o » avec votre bouche. À l'expiration, vous rentrez la langue et vous fermez la bouche, vous expirez par le nez.
Recommencer cinq fois.

Remarque

Cette respiration doit se faire confortablement, aucune tension ne doit s'installer. Il ne faut pas forcer ni à l'inspiration, ni à l'expiration. Petit à petit, le souffle va s'allonger et la fraicheur prendra place dans le corps.

La respiration du coquillage

Public	Cycles 2 et 3
Lieu	En classe, en salle de sport, dans la nature
Durée	2 à 3 minutes
Objectif	Prendre conscience de sa respiration, se recentrer

Déroulement

Position de départ : assis, le dos droit, les mains sur les cuisses.

Nous allons faire la respiration du coquillage. Couvrez les oreilles avec les mains. Respirez par le nez à l'inspiration et à l'expiration. Vous allez entendre votre souffle qui résonne à l'intérieur de vous.

Cela peut paraitre surprenant dans un premier temps car vous vous coupez de votre environnement extérieur pendant quelques instants. Mais c'est un moyen de vous connecter avec votre monde intérieur.

Cet exercice de respiration peut très vite avoir un effet calmant.

Variante

On peut alterner une respiration avec les mains sur les oreilles et une respiration avec les mains sur les cuisses. Cela peut être un bon moyen de commencer, pour rassurer les enfants. L'alternance est aussi intéressante pour percevoir les différences de ressentis dans le corps.

La respiration de la fleur

Public	Cycles 2 et 3
Lieu	En classe, en salle de sport, dans la nature
Durée	2 à 3 minutes
Objectif	Coordonner le souffle avec le mouvement des mains, ralentir le rythme

Déroulement

Position de départ : assis, le dos droit, les mains sur les cuisses.

Joignez les mains devant la poitrine. Inspirez en ouvrant les mains et en écartant les doigts, paumes des mains tournées vers le haut. Expirez en ramenant les mains jointes devant la poitrine.

En faisant ce geste, imaginez que vous avez une très jolie fleur dans le creux des mains qui s'ouvre quand vous écartez les doigts et qui se referme au moment où vous joignez les mains.

Recommencer cinq fois en essayant de le faire le plus doucement et le plus calmement possible.

Puis, venez déposer vos mains sur les cuisses, fermez les yeux et visualisez encore cette très belle fleur que vous aviez dans les mains. Observez-la précisément comme si elle était réelle. Visualisez ses pétales, la couleur de ses pétales, le bouton de la fleur, sa tige durant quelques instants.

Laisser un moment de silence.

Maintenant, ouvrez à nouveau les yeux, frottez vigoureusement les mains l'une contre l'autre et secouez-les.

Visualisation positive

Les exercices de visualisation positive se pratiquent de préférence en début d'après-midi ou avant une évaluation. Ils se font en classe, assis sur une chaise ou allongé en salle de sport ou à l'extérieur. Certains enfants auront tendance à bouger, à ouvrir les yeux ou au contraire à s'endormir ! Tant que cela ne dérange pas le reste du groupe, on peut les laisser faire. S'ils sont trop dissipés, on peut leur proposer de s'éloigner du groupe pour faire autre chose en espérant qu'ils s'intéresseront à l'activité une prochaine fois.

Toutes les activités de visualisation positive peuvent être faites dans le silence ou bien avec un accompagnement sonore. On peut diffuser une musique relaxante ou bien utiliser un bol tibétain ou un carillon pour adoucir l'ambiance.

Pour chacune des activités, vous devez lire le texte présenté dans le livre à la classe en utilisant un ton clair et bienveillant, une voix calme et posée. Il faut prendre le temps de lire doucement, d'attendre que les élèves soient réceptifs à chaque phrase. Il ne faut pas hésiter à faire des pauses entre les phrases pour que les élèves s'imprègnent de l'ambiance que vous instaurez : votre voix va alors résonner en eux et ils vont se laisser bercer par la musique.

Je réussis mon contrôle

Public	Cycle 2 (à partir du CE2) et cycle 3
Lieu	En classe
Durée	5 à 6 minutes
Objectif	Améliorer ses capacités de réussite, la confiance en soi

Déroulement

Position de départ : assis, la tête dans les bras qui reposent sur la table.

Installez-vous confortablement sur votre chaise. Laissez votre tête s'enfoncer dans vos bras. Fermez les yeux ou gardez-les mi-clos. Vous devez être bien installés, au repos. Sentez si une tension, une contraction dans le corps vous gêne ; si c'est le cas, tentez de la relâcher en expirant un peu plus fort. *Mimer cette expiration.*

Sans bouger, ressentez le pied droit, les orteils, le dessus du pied, puis le dessous du pied. Relâchez bien toutes les tensions dans ce pied. Ressentez maintenant le pied gauche, les orteils, le dessus du pied, le dessous. Relâchez bien ce pied.

Ressentez maintenant la jambe droite. Elle repose sur la chaise. Inspirez, expirez, puis relâchez la jambe, pensez à la décontracter.

Ressentez maintenant la jambe gauche. Elle repose sur la chaise. Inspirez, expirez, puis relâchez la jambe, pensez à la décontracter.

Respirez le plus calmement possible dans le ventre de la manière suivante : j'inspire, mon ventre se gonfle ; j'expire, mon ventre se rentre. Continuez tranquillement, à votre rythme.

Détendez votre dos, la colonne vertébrale, le bas du dos, le haut du dos. Relâchez votre nuque, votre tête, votre visage. Décontractez les mâchoires, le front, les joues, le crâne.

Continuez à respirer dans le ventre. Maintenant, visualisez que vous êtes devant votre contrôle. Imaginez-vous en train de lire les consignes : vous les comprenez très bien, elles sont bien claires. Elles sont lues à haute voix et expliquées à toute la classe une première fois. Tout est limpide pour vous. Votre cœur bat lentement, votre respiration est calme, vous vous sentez prêts à répondre, prêts à écrire. Vous avez confiance en vous car vous vous êtes bien préparés. Et tout a été révisé en classe plusieurs fois. Vous avez donc les connaissances nécessaires pour le

contrôle. Tout va bien, vous vous sentez parfaitement détendus devant votre évaluation. Vous êtes détendus mais vous êtes aussi concentrés et prêts à réfléchir.
Vous allez réussir votre travail car vous faites de votre mieux et vous êtes en possession de toutes vos capacités. Vous serez satisfaits quand vous rendrez votre travail.

Reprenez maintenant contact avec votre corps assis sur la chaise, avec vos pieds ancrés dans le sol, le pied droit, le pied gauche, votre tête qui repose sur vos bras, votre dos, votre visage.
Bougez doucement la tête d'un côté, de l'autre. Remuez les doigts des mains. Respirez un plus profondément dans le ventre et redressez-vous doucement. Bâillez, soupirez, étirez-vous bien pour sortir de votre détente et vous remettre au travail. *Vous pouvez mimer les étirements et les bâillements pour décomplexer et encourager les élèves.*
Vous allez bien réussir votre contrôle, tout va bien se passer.

Les contours du corps et le point lumineux

Public	Cycle 2 (à partir du CE2) et cycle 3
Lieu	En classe, en salle de sport, dans la nature
Durée	5 à 6 minutes
Objectif	Se recentrer, s'enraciner pour mieux apprendre

Déroulement

Position de départ : assis, la tête dans les bras qui reposent sur la table. Ou bien assis, le dos droit avec les mains sur les cuisses. Ou bien allongé sur le dos.

Fermez les yeux. Sinon, gardez-les mi-clos.

Pour commencer, faites un petit tour de votre corps en pensée. Ressentez vos pieds qui reposent sur le sol : le pied droit, bougez un peu vos orteils dans la chaussure ; le pied gauche, bougez un peu vos orteils dans la chaussure. Soulevez doucement la jambe droite et laissez-la retomber, soulevez doucement la jambe gauche et laissez-la retomber. Bougez doucement vos épaules, votre tête, et relâchez. Fermez la bouche, détendez vos mâchoires.

Imaginez maintenant que vous dessinez le contour de votre corps au crayon fin. Partez des pieds et tracez votre silhouette dans votre imagination, précisément. Tandis que vous tracez les contours de votre corps, respirez calmement, tranquillement. Recommencez deux fois de suite.

Puis vous allez accélérer un peu le mouvement. Chaque fois que vous inspirez, vous visualisez les contours de votre corps. Chaque fois que vous expirez, vous visualisez, dans le ventre, à la place du nombril, un point lumineux, très brillant.

Laisser aux élèves le temps de faire dix respirations environ.

C'est bien, on arrête. Maintenant, reprenez conscience de votre corps assis sur la chaise *(ou allongé sur le dos)* : de vos pieds qui touchent le sol, du pied droit que vous bougez doucement, du pied gauche que vous bougez également.

Bougez vos poignets, vos bras tout doucement, votre tête d'un côté et de l'autre. Ouvrez les yeux et levez les bras vers le plafond, étirez-vous, grandissez-vous. Ressentez pleinement le corps que vous habitez. Vous êtes prêts à travailler dans de bonnes conditions !

J'inspire de l'énergie positive, j'expire mes soucis

Public	Cycles 2 et 3
Lieu	En classe, en salle de sport, dans la nature
Durée	4 à 5 minutes
Objectif	Se débarrasser des tensions et des soucis

Déroulement

Position de départ : assis, la tête dans les bras qui reposent sur la table. Ou bien assis, le dos droit avec les mains sur les cuisses. Ou bien allongé sur le dos.

Commencez par détendre votre corps : relâchez votre visage, vos mâchoires, vos joues, votre front, vos yeux. Vous pouvez fermer les yeux si vous voulez. Détendez vos épaules, l'épaule droite, l'épaule gauche, relâchez votre poitrine, le poumon droit, le poumon gauche. Respirez doucement dans le ventre : inspirez, le ventre se gonfle légèrement ; expirez, le ventre se rentre.

Tout en respirant tranquillement, détendez tout le bas du corps, toute la jambe droite, le pied droit, toute la jambe gauche, le pied gauche. Relâchez également votre dos, votre colonne vertébrale.

Tout votre corps se détend et se relâche grâce à la respiration dans le ventre. Continuez de bien respirer.

Instaurer un petit moment de silence.

Maintenant, ouvrez vos oreilles. Vous écoutez les bruits au loin, puis les bruits plus proches. Maintenant, écoutez votre respiration à l'entrée des narines, sentez votre souffle qui entre et qui sort par les narines. Expirez longuement avec douceur...

Chaque fois que vous inspirez, imaginez un bol d'énergie brillant et coloré venir s'installer dans votre ventre. Chaque fois que vous expirez, ressentez tous vos soucis, tous vos tracas sortir de vous. C'est comme si une fumée noire s'échappait de vos narines.

Laisser les élèves faire une dizaine de respirations.

Vous allez peut-être penser à autre chose, c'est normal ! Quand vous vous apercevez que vos pensées se sont échappées, repensez à nouveau au bol d'énergie qui arrive en vous et aux soucis qui s'échappent. De cette façon, vous allez entrainer votre cerveau à penser positivement.

Je trouve ma place

Public	Cycle 3
Lieu	En classe, en salle de sport, dans la nature
Durée	8 à 10 minutes
Objectif	Se recentrer, s'enraciner, trouver sa place, se repérer d'un point de vue géographique

Déroulement

Remarque

Avant la séance, on peut prendre un moment pour rappeler oralement où se trouve l'école, la ville, la France sur un planisphère.

Position de départ : assis, la tête dans les bras qui reposent sur la table. Ou bien assis, le dos droit avec les mains sur les cuisses. Ou bien allongé sur le dos.

Vous pouvez fermer les yeux ou les garder mi-clos. Je vais nommer différentes parties du corps et vous allez les toucher doucement avec votre **main droite** *(prendre une voix douce et un rythme lent)* : genou droit, genou gauche, cuisse droite, cuisse gauche, hanche droite, hanche gauche, le ventre, la cage thoracique, épaule droite, épaule gauche, le visage.

Nous allons maintenant recommencer en touchant doucement ces mêmes parties du corps avec la **main gauche** cette fois-ci. *Renommer les parties du corps tout aussi lentement.*

Maintenant, ne bougez plus vos mains mais **pensez** juste à ces différentes parties du corps. Visualisez-les. *Répéter le nom des parties du corps une troisième fois, toujours lentement.*

Visualisez tout le corps.

Détendez tout le corps.

Laisser un moment de silence.

Faites les contours de votre corps mentalement.

Laisser un nouveau moment de silence.

Imaginez-vous maintenant dans **la classe**. Vous vous voyez assis à votre bureau. Situez-vous par rapport aux autres élèves. *Court silence.* Faites le tour de la classe dans votre tête. *Court silence.*

Visualisez-vous maintenant dans **votre école**, dans votre classe, voyez où se situe votre classe par rapport à l'école tout entière. *Court silence.* Faites le tour de votre école mentalement. *Court silence.*

Visualisez-vous maintenant dans votre classe, dans votre école, dans **votre ville**. Voyez où se situe votre école par rapport au reste de la ville, dans quel quartier. *Court silence.* Faites le tour de votre ville mentalement. *Court silence.*

Visualisez-vous maintenant dans votre école, dans votre ville, dans votre pays, **la France**. Repérez dans votre tête où se situe votre ville en France. Au nord, au sud, à l'est, à l'ouest ? *Court silence.* Faites le tour de la France mentalement. *Court silence.*

Visualisez-vous maintenant dans votre école, dans votre ville, dans la France, **sur Terre**. Voyez où se situe la France dans le monde, imaginez un globe terrestre. *Court silence.* Faites le tour du globe mentalement. *Court silence.*

Maintenant, imaginez que vous êtes dans **l'espace**, vous regardez la Terre de loin, puis vous situez la France sur la Terre, puis vous voyez la France, puis votre ville, votre école, votre classe.
Restez un moment à observer tout cela depuis l'espace infini...
Laisser un silence.

Puis revenez de l'espace infini, en visualisant de nouveau le globe terrestre avec ses limites *(silence pendant quelques instants)*, puis la France avec ses limites *(silence pendant quelques instants)*, puis la ville dans laquelle vous êtes avec ses limites *(silence pendant quelques secondes)*, puis l'école avec ses limites, ses contours *(silence pendant quelques secondes)*, puis votre classe avec ses contours *(silence pendant quelques secondes)* et pour finir vous-mêmes assis sur votre chaise, visualisez les contours de votre corps assis sur cette chaise.
Ressentez votre personne tout entière, dans sa globalité, bien ancrée, avec ses racines au bout des pieds. Vous êtes bien, calmes et tranquilles. Respirez pleinement quatre fois de la tête aux pieds en ressentant de la paix et du bienêtre dans le corps tout entier.

Maintenant, mettez les mains devant votre nez et votre bouche, sentez l'air chaud qui sort de votre bouche et qui va sur vos mains. Faites cela plusieurs fois. Ensuite, avec vos mains, massez doucement le visage et la tête pour sortir de votre détente.
Frottez vos mains l'une contre l'autre et tapotez doucement les jambes, les bras, le ventre. Bougez les pieds, les mains, la tête d'un côté puis de l'autre et sortez de votre relaxation pour vous remettre au travail !

Adieu les idées noires !

Public	Cycles 2 et 3
Lieu	En classe, en salle de sport, dans la nature
Durée	5 à 6 minutes
Objectif	Chasser le négatif et cultiver le positif pour se sentir mieux
Matériel	Une feuille blanche, un feutre fin par élève

Déroulement

Position de départ : assis, avec une feuille blanche sur la table (ou par terre) et un feutre fin.

Fermez les yeux et chaque fois que vous pensez à quelqu'un ou à quelque chose (votre maman, votre papa, votre chien, votre chat, votre copain, votre copine, votre jouet préféré, votre jardin, un plat que vous adorez manger...), faites une croix sur votre feuille. Prenez votre temps.

Laisser le silence s'installer pendant au moins deux minutes.

Maintenant, essayez d'observer si des pensées négatives sont venues à votre esprit telles que : « Je n'y arriverai jamais », « Je suis nul », « Je n'ai pas d'amis », « J'en ai marre ».
Si vous avez envie d'exprimer ces pensées à haute voix, vous pouvez. Parmi ces phrases, lesquelles font écho en vous ? Lesquelles de ces phrases sont déjà venues dans votre tête régulièrement ?
Laisser un temps calme.

Choisissez une phrase négative qui revient souvent en vous. Répétez-la plusieurs fois et voyez ce que cela génère en vous : de la tension ? Une boule dans le ventre ? La contraction de certains de vos muscles ?
Fermez les yeux et imaginez la chose suivante : vous écrivez votre phrase négative sur une feuille, vous chiffonnez la feuille et vous la jeter dans une poubelle. Visualisez cela trois fois.
Si jamais une autre phrase négative arrive, faites la même chose.
Laisser un temps calme.

Ouvrez les yeux et étirez-vous un peu.
Maintenant que vos phrases négatives sont à la poubelle, fermez de nouveau les yeux et recherchez une phrase positive. Cela peut être par exemple : « Je suis épanoui », « J'ai confiance en moi », « Je suis bien entouré », « Je me sens en sécurité ».
Si aucune phrase ne vous vient à l'esprit, choisissez la phrase qui vous touche le plus parmi celles que je viens de citer. Répétez votre phrase plusieurs fois dans votre tête et sentez ce que cela génère en vous.
Tout en prononçant cette phrase, respirez tranquillement et sentez petit à petit une sorte de paix intérieure s'installer en vous, un peu plus de sérénité et de confiance peut-être.
Laisser un temps calme.

Vous allez maintenant sortir de cette visualisation positive en remuant doucement toutes les parties de votre corps. Vous pouvez ouvrir les yeux, vous étirer, bâiller si nécessaire. Ensuite, nous nous remettrons tranquillement au travail.

Remarque

Plus on fait ce type d'exercice, plus on instaure en soi du positif. Avoir des pensées positives est une chose qui se cultive au quotidien !

Au fond de moi je suis bien

Public	Cycles 2 et 3
Lieu	En classe, en salle de sport, dans la nature
Durée	4 à 5 minutes
Objectif	Se faire confiance, trouver la paix en soi

Déroulement

Position de départ : assis, la tête dans les bras qui reposent sur la table. Ou bien assis, le dos droit avec les mains sur les cuisses. Ou bien allongé sur le dos.

Fermez les yeux. Écoutez les bruits qui vous entourent : certains sont très loin, d'autres sont tout près de vous. Tendez l'oreille.
Laisser quelques secondes de silence.
Sentez maintenant les parties du corps en contact avec votre chaise ou le sol : quelles sont ces parties du corps en contact ? Les fesses ? Les cuisses ? Le dos ? Quelle partie du dos ? Comment sont-elles en contact ? Observez, ressentez...
Écoutez votre respiration, vous inspirez par le nez, puis vous expirez en rejetant l'air doucement par la bouche. Pensez bien à l'air qui rentre, puis qui ressort. Recommencez plusieurs fois ces respirations conscientes. Détendez bien toute la tête, tout le haut du corps, tout le bas du corps. Relâchez le corps tout entier.
Laisser quelques secondes de silence.

Ressentez votre ventre bouger doucement avec la respiration. Quand vous expirez, prononcez cette phrase intérieurement : « Au fond de moi, je me sens bien, je suis bien. » Continuez durant cinq respirations. À chaque fois, répétez la phrase.
Puis, vous pouvez également dire sur les cinq expirations suivantes : « J'ai tout en moi, je suis en paix. »
Grâce à ces phrases, vous avez de plus en plus confiance en vous.

Maintenant, vous allez à nouveau ressentir les parties de votre corps en contact avec la chaise ou le sol : les jambes, le dos... Sentez votre souffle à l'entrée des narines. Écoutez les bruits qui vous entourent, ceux qui sont proches et ceux qui sont plus lointains. Ouvrez doucement les yeux, bougez les mains, les pieds, les bras, les épaules. Étirez-vous si besoin, bâillez, soupirez. Puis replacez-vous correctement sur votre chaise pour travailler.

S'entendre avec ses camarades

Public	Cycles 2 et 3
Lieu	En classe, en salle de sport, dans la nature
Durée	4 à 5 minutes
Objectif	S'entrainer à cultiver de bonnes relations amicales

Déroulement

Position de départ : assis, la tête dans les bras qui reposent sur la table. Ou bien assis, le dos droit avec les mains sur les cuisses. Ou bien allongé sur le dos.

Inspirez les yeux ouverts, expirez les yeux fermés. Recommencez quatre fois.
Puis fermez les yeux ou bien gardez-les mi-clos. Écoutez votre respiration, déposez les mains sur le ventre et sentez ce ventre qui bouge quand vous prenez l'air par les deux narines ou quand vous le rejetez.

Essayez de rester immobiles et représentez-vous l'image suivante : vous êtes dans la cour de récréation, vous êtes entourés de vos amis, vous jouez avec eux et l'ambiance est bonne, vous vous sentez vraiment bien en leur compagnie.
Imaginez vraiment bien la scène : voyez les couleurs du ciel, le temps qu'il fait… Visualisez le visage de vos amis dans le détail, leurs vêtements, leur sourire, les détails de la cour avec ses arbres, ses aires de jeux, ses recoins…
Fixez ce décor dans votre tête et visualisez-vous vous-mêmes au milieu de ce décor, entourés de vos amis. Respirez tranquillement en regardant cette image mentale, sentez-vous apaisés. Vous vous entendez bien avec vos copains et cela vous rend heureux. *Laisser une minute de silence.*

Concentrez-vous à nouveau sur le va-et-vient de votre souffle : à l'inspiration, le ventre se gonfle légèrement ; à l'expiration, il se rentre doucement.
Sentez votre corps assis sur la chaise et commencez à le bouger doucement. Étirez-vous comme un chat. Bâillez si nécessaire.

Remarque

On peut expliquer aux élèves l'intérêt de cette visualisation positive : « Cette image de vous dans la cour avec vos copains vous appartient maintenant, vous pouvez la retrouver à tout moment pour vous faire du bien et pour vous aider à bien vous entendre avec vos amis. »

Accepter la différence

Public	Cycles 2 et 3
Lieu	En classe, en salle de sport, dans la nature
Durée	8 à 10 minutes
Objectif	Accepter les différences en s'entrainant à regarder les similitudes

Déroulement

Position de départ : assis confortablement, les bras le long du corps ou les mains sur la table. Ou bien allongé sur le dos.

Cette activité commence par un temps d'échanges entre les élèves. Aujourd'hui, nous allons parler de la différence entre les personnes. Qu'est-ce que cela évoque pour vous ? Quelles différences peut-il y avoir entre les gens ? Des différences physiques, des différences mentales, comportementales...

Les laisser s'exprimer sur le sujet.

Amener les élèves à se rendre compte que s'il y a des différences entre certains individus, c'est qu'il y a aussi des ressemblances avec d'autres.

Quelles peuvent être les ressemblances entre les gens ? Qu'est-ce qui nous rassemble ?

À nouveau, les laisser s'exprimer plusieurs minutes sur le sujet.

Ensuite, demander aux élèves de penser à une situation précise lors de laquelle ils ont ressenti la différence comme quelque chose de gênant, d'entravant. Cela peut être une différence qu'ils portaient eux-mêmes ou bien que portait un de leurs camarades.

Chaque fois qu'un élève raconte son histoire, demander au groupe d'essayer de repenser la situation, de la changer pour visualiser quelque chose de positif à la place. Demander aux élèves de s'appuyer sur les ressemblances qu'ils pourraient mettre en valeur plutôt que les différences. Il ne faut pas hésiter à encourager les élèves, à les aider à mieux visualiser, à mettre des mots sur cette situation compliquée.

Maintenant, gardez cette situation positive en tête et fermez les yeux (ou gardez-mi-clos).

Respirez le plus tranquillement possible, sentez l'air qui entre et qui sort par les narines.

Détendez les différentes parties de votre corps : le dos, les épaules, les bras, les mains, la poitrine, le ventre, les jambes, les pieds...

Recentrez-vous maintenant sur votre tête. Pensez à nouveau à la situation positive dont on a parlé tout à l'heure. Dans cette situation, la différence n'est plus un problème, les ressemblances sont ce qui est important. Ce qui unit, c'est ce qui compte.

Observez attentivement cette situation dans votre tête, soyez précis, détaillez les personnes, le paysage, les couleurs, le temps...

Puis répétez-vous cette phrase au moins cinq fois : « Quand la différence me gêne, je regarde les points communs, les ressemblances entre les gens, il y en a tout le temps au moins une ! »

De cette façon, les différences vont perdre de l'importance et laissez petit à petit la place à quelque chose de plus positif.

Laisser un moment de silence.

Puis, pour sortir de cette détente mentale, vous écoutez à nouveau votre respiration, vous la sentez à l'entrée des narines. Ressentez bien votre corps, ses différentes parties : le pied droit, le pied gauche, la jambe droite, la jambe gauche, la hanche droite, la hanche gauche, le ventre, la poitrine, le bras droit avec la main droite, le bras gauche avec la main gauche, le cou, la tête, les cheveux, le visage, le front, les joues, le nez, la bouche. Venez poser les mains sur vos yeux, sentez la chaleur de vos mains sur vos yeux. Ouvrez les yeux en ayant toujours les mains en coupe devant, restez comme ça quelques secondes. Puis commencez à bouger votre corps, à vous étirer en amenant les bras au-dessus de la tête, à bâiller, à soupirer.

Après cette bonne détente mentale, vous êtes prêts à vous remettre au travail !

Tout est question de point de vue

Public	Cycle 2 (à partir du CE2) et cycle 3
Lieu	En classe, en salle de sport, dans la nature
Durée	5 à 6 minutes
Objectif	Cultiver un point de vue positif

Déroulement

Lecture du poème

Poème écrit par Babacar Khane (grand yogi sénégalais) :

Point de vue

Celui qui est angoissé
Ne peut plus voir
Que l'angoisse
Qui lui voile les yeux.

Celui qui est joyeux
Ne voit plus que la joie
Qui lui sert de jumelle.

L'amoureux
Aveuglé par l'amour,
Ne voit plus que l'amour.

L'imparfait,
Aveuglé par le défaut,
Ne voit plus que le défaut.

Le soleil
Dans sa clarté
N'est plus que clarté
Et la dispense à tous.

Changer d'optique,
C'est changer de destinée.
Tout est affaire de point de vue.

Conseil

Tout au long de cette activité et notamment pour la lecture du poème, utiliser un ton clair et bienveillant, une voix calme et posée. Il faut prendre le temps.

Discussion collective

Que pensez-vous de ce poème ? Que signifie-t-il pour vous ?
Laisser les élèves s'exprimer, donner des exemples, clarifier si nécessaire.

Visualisation positive

Position de départ : assis confortablement, les bras le long du corps ou les mains sur la table. Ou bien allongé sur le dos, les bras le long du corps.

Déposez les bras sur la table et mettez la tête dans les bras. *Ou bien allongez-vous sur le dos, les bras le long du corps.* Fermez les yeux, ou gardez-les mi-clos si vous préférez. Déposez l'index sous votre nez et respirez en sentant l'air sur votre doigt. Observez ce qui se passe lorsque vous prenez de l'air par le nez et que vous le rejetez par le nez longuement. Faites au moins cinq respirations de la sorte, en gardant le doigt sous le nez.
Détendez la nuque, le visage, les joues, le nez, le front, les yeux, les tempes, la tête, toute la tête. Relâchez complètement votre bras droit, votre main droite, relâchez complètement votre bras gauche, votre main gauche, détendez votre poitrine, votre ventre. Ressentez uniquement la jambe droite, le pied droit, relâchez. Ressentez uniquement la jambe gauche, le pied gauche, relâchez.
Pensez à votre dos, à votre colonne vertébrale, détendez ce dos tout entier, ressentez la respiration dans tout le dos, de haut en bas, de bas en haut.
Votre corps est maintenant plus détendu. Votre respiration est calme et tranquille.

Vous allez maintenant repenser à une situation déplaisante, à quelque chose qui vous a déplu dernièrement, à l'école par exemple. Lors de cet évènement, vous avez eu une sensation, une émotion désagréable. Visualisez ce moment et tentez maintenant de le revisiter en modifiant vos ressentis, votre façon de voir, votre point de vue. Prenez les yeux de la joie comme dans le poème :

Celui qui est joyeux
Ne voit plus que la joie
Qui lui sert de jumelle.

Mettez un peu de joie, de légèreté dans cette situation qui a été mal vécue, essayez de la regarder autrement, de manière positive.
Laisser un temps calme.

Maintenant, je vais vous répéter plusieurs fois *(3 à 4 fois)* la phrase suivante, tentez de la ressentir pleinement :
« Dans chaque situation vécue, il y a toujours du positif et du négatif. Regardons le côté positif et cultivons-le comme une plante qu'on soigne dans son jardin et qu'on veut voir grandir en bonne santé. »
Laisser un temps calme, le temps pour les élèves d'assimiler la phrase.

Tout doucement, vous allez revenir à votre corps et votre souffle. Vous ressentez les différentes parties de votre corps : les bras, les jambes, le buste, la tête.
Respirez en déposant à nouveau l'index sous le nez. Sentez qu'à l'expiration l'air glisse sur votre doigt.
Bougez vos pieds, vos mains, votre tête d'un côté, de l'autre. Frottez votre visage avec vos mains, votre tête, et reprenez contact avec votre corps assis sur la chaise.
Replacez-vous bien sur votre chaise, vous êtes prêts à travailler !

Mémoire positive

Public	Cycles 2 et 3
Lieu	En classe, en salle de sport, dans la nature
Durée	5 à 6 minutes
Objectif	Retenir, mémoriser les beaux moments

Déroulement

Position de départ : assis confortablement, les bras le long du corps ou les mains sur la table.

Respirez plusieurs fois profondément, inspirez par les deux narines et soufflez doucement par la bouche, comme si vous souffliez sur une bougie très longuement. Prenez votre temps pour respirer, allez-y lentement. Puis fermez vos yeux ou gardez-les mi-clos.

Contractez doucement le pied gauche et relâchez. Contractez doucement le pied droit et relâchez.
Contractez doucement la jambe droite et relâchez. Contractez doucement la jambe gauche et relâchez.
Contractez doucement le ventre et relâchez.
Contractez doucement le bras droit et relâchez. Contractez doucement le bras gauche et relâchez.
Contractez doucement le visage et relâchez.
Détendez tout le corps. Sentez votre corps qui se ramollit, qui se décontracte....

Tranquillement, vous allez, dans votre tête, vous remémorer votre journée depuis que vous vous êtes levés. Revoyez chaque moment : quand vous êtes sortis de votre lit, quand vous avez mangé, quand vous vous êtes habillés... Essayez aussi de voir dans tous ces moments ce qui vous a vraiment fait plaisir, les bons moments. Remémorez-vous chaque bon moment avec intensité, retenez-le dans votre mémoire. Il serait bien d'en retenir au moins deux.
Laisser un moment de calme.
Sachez que chaque journée a ses points positifs et qu'il est bon de les cultiver, de s'en souvenir. Chaque soir, avant de vous endormir, je vous conseille de repasser dans votre tête tous les moments qui vous ont procuré du plaisir. Gardez-les précieusement. Ainsi votre cerveau va s'entrainer petit à petit à retenir le positif.

Maintenant, doucement, reprenez conscience de votre respiration, de votre corps assis sur la chaise.

Posez vos mains sur le ventre : chaque fois que vous inspirez, gonflez-le doucement ; chaque fois que vous expirez, ressentez le nombril qui se rentre.

Bougez uniquement la jambe droite et le pied droit. Bougez uniquement la jambe gauche et le pied gauche.

Bougez vos doigts de la main gauche, vos doigts de la main droite, votre bras gauche, votre bras droit.

Bougez votre tête d'un côté et de l'autre. Détendez votre nuque : regardez vers le haut, puis vers le bas.

Sortez de votre détente le plus tranquillement possible et replacez-vous bien sur votre chaise. Vous êtes prêts à vous mettre au travail !

Relaxation

Ces exercices sont généralement proposés après une séance de sport. Parfois, certains élèves s'endorment au bout de quelques minutes, laissez-les se reposer. Ce moment de complet relâchement permet à l'enfant de se ressourcer et de reprendre le cours de sa journée avec plus d'énergie.

Vous pouvez également utiliser ces relaxations en début d'après-midi pour initier un retour au calme. Si certains élèves ne parviennent pas à fermer les yeux ou à écouter votre voix sans bouger continuellement, vous pouvez les accompagner avec des gestes bienveillants (en posant doucement une main sur le haut du dos, par exemple) ou leur proposer une activité détente du type « mandala à colorier ».

Il ne faut surtout pas contraindre les élèves à pratiquer la relaxation car cela pourrait les amener à se désintéresser complètement de l'activité.

Conseil

Il faut rester vigilant car les états de relaxation peuvent faire remonter à la surface certaines angoisses ou névroses chez des enfants fragiles. C'est pourquoi, il ne faut jamais forcer un enfant qui ne le désire pas à participer aux exercices de relaxation. Par ailleurs, si vous savez qu'un élève vit des choses très difficiles émotionnellement, vous pouvez lui proposer autre chose pendant le temps de relaxation (réaliser un mandala, par exemple).

Les rituels de relaxation pour enfants ne doivent pas être trop longs. Ils sont différents des exercices de relaxation pour adultes et sont adaptés à chaque tranche d'âge. Je vous invite donc à suivre les indications de durée recommandées dans le livre.
Si le temps le permet, vous pouvez prendre un moment pour interroger les élèves sur leurs ressentis après avoir écouté la relaxation.

Les relaxations peuvent être lues par l'enseignant mais aussi, pourquoi pas, par un élève à l'aise à l'oral et en lecture. Vous pouvez aussi éventuellement les pré-enregistrer ou utiliser les enregistrements disponibles en ressources numériques.

Chaque activité de relaxation peut être organisée avec un accompagnement sonore : bols tibétains ou carillon de préférence, éventuellement une musique douce et relaxante.

Il vaut mieux commencer par les relaxations des cinq sens ou des cinq éléments et les faire toutes, sur un temps qui vous est propre (un mois, deux mois...), en fonction de votre organisation.
Vous pouvez également imaginer la suite de votre journée de classe en lien avec les relaxations : par exemple, la relaxation sur l'eau en lien avec les sciences, etc.

Les cinq sens : l'ouïe

Public	Cycles 2 et 3
Lieu	En classe, en salle de sport
Durée	10 minutes
Objectif	Se relaxer, prendre conscience de l'ouïe et affiner ce sens
Matériel	Bol tibétain, carillon pour l'enseignant

Déroulement

Position de départ : assis, les bras le long du corps. Ou bien allongé sur le dos.

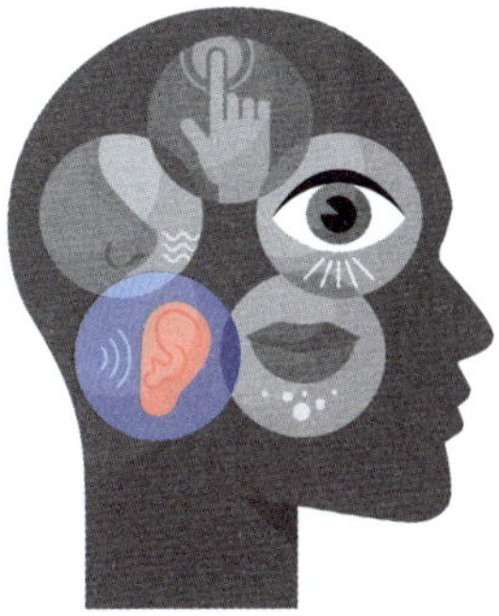

Commençons par quelques exercices de respiration pour prendre conscience de l'ouïe.
Tout d'abord, fermez les yeux. Écoutez les bruits extérieurs : entendez d'abord ceux qui sont très éloignés de votre champ d'audition *(laisser un moment de silence)* puis les bruits plus proches, que vous pouvez percevoir dans la classe, tout autour de vous *(laisser un moment de silence)*.

Écoutez maintenant votre souffle à l'entrée des narines, bouche fermée *(laisser un moment de silence)*. Maintenant, venez déposer vos mains sur vos oreilles et continuez à respirer tranquillement. Vous entendez votre souffle assez fortement, il est là pour vous calmer, vous recentrer, vous détendre *(laisser un moment de silence)*. Faites sept ou huit respirations avec les mains sur les oreilles.
Puis venez vous masser quelques instants les oreilles avec les pouces et les index. Partez du lobe et remontez jusqu'en haut de l'oreille. Recommencez plusieurs fois avec douceur.
Relâchez. Posez les bras sur la table. Votre dos est arrondi, votre nuque relâchée, votre visage détendu. *Si les élèves sont allongés, on leur dira de reposer les bras par terre, le long du corps.*

Sentez votre respiration dans le ventre, sentez qu'à l'inspiration le ventre se gonfle doucement et qu'à l'expiration, le ventre se rentre tranquillement. Nous allons compter de la façon suivante : 1 j'inspire, 1 j'expire ; 2 j'inspire, 2 j'expire ; etc. Je compte, soyez attentifs au mouvement de votre ventre, prenez le temps de bien détendre, de relâcher...

Compter jusqu'à 10 de la manière indiquée.

Je vais maintenant nommer différentes parties du corps. À chaque fois, placez une de vos mains sur la partie que je nomme : la cuisse droite, la cuisse gauche, la hanche droite, la hanche gauche, le ventre, les côtes à droite, les côtes à gauche, le poumon droit, le poumon gauche, l'épaule droite, l'épaule gauche, le bras droit, le bras gauche, la main droite, la main gauche, le cou, la nuque, la tête, la joue droite, la joue gauche, l'œil droit, l'œil gauche, le front.

Laisser un court silence.

Puis commencer à produire des sons à partir d'un bol tibétain ou d'un carillon.

Écoutez maintenant les sons des bols *(ou du carillon)* que je suis en train de produire, restez concentrés sur ces sons quelques instants...

Continuer à produire des sons pendant 2 à 3 minutes.

Imaginez maintenant un endroit de nature avec un bel arbre, très vieux et très gros. Les branches sont épaisses, les feuilles vertes nombreuses... C'est le printemps et vous vous apercevez rapidement que des nids sont cachés dans les branches et que des petits oiseaux vivent dans ces nids. Vous vous adossez à l'arbre pour vous reposer et vous fermez tranquillement les yeux. Au bout d'un petit moment, vous entendez des piaillements : les parents oiseaux ne sont pas loin, ils viennent apporter à manger à leurs petits et tournent autour des nids.

Sans ouvrir les yeux, dans votre tête, vous discernez les parents des oisillons. Vous êtes attentifs à leur chant et à leurs petits cris... Puis vous entendez les parents s'éloigner, ils sont repartis chercher de la nourriture, seuls les petits restent. Les piaillements diminuent, ils se font plus discrets, jusqu'à disparaitre complètement.

Vous êtes toujours adossés à l'arbre et pas loin de là il y a de belles fleurs. Les abeilles tournent autour, elles émettent un joli son, vous l'écoutez et le reconnaissez bien. Vous n'avez pas peur d'être piqués car les abeilles sont assez éloignées. La nature vous détend, vous vous sentez parfaitement bien.

Laisser un moment de silence.

Vous décidez de vous redresser et de reprendre votre balade. Tout en marchant, vous caressez les feuilles, le bruissement qu'elles produisent vous plait bien. Vous continuez à passer vos mains dessus encore quelques instants puis vous prenez le chemin du retour. Vous quittez cet endroit de nature et vous retournez sur votre chaise, les bras le long du corps, la tête légèrement relâchée *(ou allongés, ressentez votre corps sur le sol)*. Ressentez l'arrière des cuisses en contact avec votre chaise *(ou le sol)*, ressentez le pied droit ancré dans le sol, le pied gauche ancré dans le sol.

Sentez votre respiration ventrale : à l'inspiration, le ventre se gonfle ; à l'expiration *(expirer doucement par la bouche)*, le ventre se rentre doucement. Continuez, commencez à vous redresser et mettez vos mains sur le ventre.

Écoutez maintenant tous les bruits alentour : les petits bruits dans la classe, les sons lointains, dehors.

Laisser un moment de silence.

Restez quelques secondes ainsi, puis ouvrez doucement les yeux en regardant de manière attentive tout ce qui vous entoure.

Tournez la tête, dans un sens, puis dans l'autre. Bougez votre tête doucement, plusieurs fois. Frottez activement vos oreilles de haut en bas.

Prenez le temps de vous étirer, de bâiller, de soupirer si nécessaire.

J'espère que cette relaxation autour de l'ouïe vous a fait du bien et vous a ressourcés. Vous pouvez maintenant vous remettre au travail.

Les cinq sens : la vue

Public	Cycles 2 et 3
Lieu	En classe, en salle de sport
Durée	10 minutes
Objectif	Se relaxer, prendre conscience de la vue et affiner ce sens

Déroulement

Position de départ : assis, les bras le long du corps.
Ou bien allongé sur le dos.

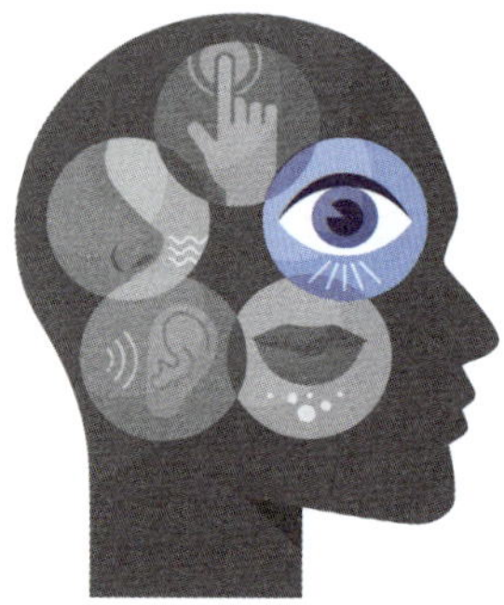

Commençons par quelques exercices de respirations guidées et actives pour prendre conscience de la vue.

Chaque fois que vous inspirez par les deux narines, vous amenez les bras au-dessus de la tête, yeux ouverts. Chaque fois que vous expirez par la bouche, vous ramenez les bras le long du corps, yeux fermés.

Recommencer sept à huit fois.

Maintenant, caressez quelques instants vos paupières avec les index. Faites plusieurs petites caresses, puis gardez sans bouger ces index sur les paupières pendant trois à quatre secondes, sans appuyer fort. Relâchez, posez les bras sur la table. Votre dos est arrondi, votre nuque relâchée, votre visage détendu. *Si les élèves sont allongés, on leur dira de reposer les bras par terre, le long du corps.*

Sentez votre respiration dans le ventre : sentez qu'à l'inspiration, le ventre se gonfle doucement et à l'expiration, le ventre se rentre tranquillement. Nous allons compter de la façon suivante : 1 j'inspire, 1 j'expire ; 2 j'inspire, 2 j'expire ; etc. Je compte, soyez attentifs au mouvement de votre ventre, prenez le temps de bien détendre, de relâcher...

Compter jusqu'à 10 de la manière indiquée.

Je vais maintenant nommer différentes parties du corps. À chaque fois, placez une main sur la partie que je nomme : la cuisse droite, la cuisse gauche, la hanche droite, la hanche gauche, le ventre, les côtes à droite, les côtes à gauche, le poumon droit, le poumon gauche, l'épaule droite, l'épaule gauche, le bras droit, le bras gauche, la main droite, la main gauche, le cou, la nuque, la tête, la joue droite, la joue gauche, l'œil droit, l'œil gauche, le front.

Laisser un court silence.

Puis frottez vos mains et déposez-les sur vos yeux, en coupe. La tête est relâchée vers l'avant *(si les enfants sont assis).*

Vous allez maintenant visualiser différents paysages.

Le premier paysage à visualiser, c'est **la mer**. Regardez votre paysage avec intensité, observez l'eau, le sable, les petites vagues, le ciel bleu avec quelques nuages. Imaginez-vous sur le sable, en train de vous amuser, il fait beau, le soleil brille, vous vous sentez bien.

Laisser un moment de silence pour que chacun ait le temps de s'imprégner de son paysage.

Changez maintenant de lieu : vous êtes à **la montagne**. Regardez votre paysage avec intensité, observez toute cette nature sauvage, observez le sommet des montagnes, les arbres et les fleurs tout autour, il fait doux, quelques nuages flottent dans le ciel, vous vous sentez bien.

Laisser un moment de silence pour que chacun ait le temps de s'imprégner de son paysage.

Vous allez maintenant vous balader **en forêt**. Imaginez de grands arbres touffus, des pins, des arbustes... L'ambiance est agréable. Vous prenez le temps de vous arrêter pour regarder avec attention tous ces arbres. Les couleurs vous fascinent, il y a plein de verts différents : du vert foncé, du vert clair, du vert d'eau... Le ciel est bleu, d'un bleu très intense, le soleil jaune brille fortement, vous vous sentez bien, en sécurité, entourés de tous ces arbres.

Laisser un moment de silence pour que chacun ait le temps de s'imprégner de son paysage.

Vos mains sont toujours en coupe sur vos yeux alors enlevez-les maintenant doucement. Gardez les yeux fermés et redressez tranquillement la tête.

Sentez votre respiration à l'entrée des narines, sentez quand vous inspirez et quand vous expirez.

Restez quelques secondes ainsi puis ouvrez doucement les yeux en regardant de manière attentive tout ce qui vous entoure.

Tournez la tête dans un sens, puis dans l'autre, plusieurs fois. Bougez les yeux à droite, à gauche, en haut, en bas. Faites ce mouvement des yeux trois ou quatre fois.

Prenez le temps de vous étirer, de bâiller, de soupirer si nécessaire.

J'espère que cette relaxation autour de la vue vous a fait du bien et qu'elle vous a ressourcés. Vous pouvez maintenant vous remettre au travail.

Les cinq sens : le toucher

Public	Cycles 2 et 3
Lieu	En classe, en salle de sport
Durée	10 minutes
Objectif	Se relaxer, prendre conscience du toucher et affiner ce sens

Déroulement

Position de départ : assis, les bras le long du corps. Ou bien allongé sur le dos.

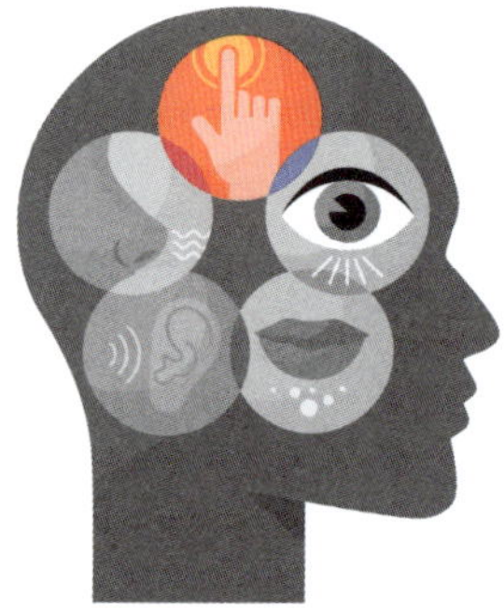

Commençons par quelques mouvements spécifiques pour prendre conscience du toucher.

Fermez les yeux. Frottez vos mains jusqu'à ce qu'elles deviennent bien chaudes. Rapprochez-les de votre visage mais attention, à aucun moment elles ne doivent le toucher. Vos mains sont juste très proches de votre visage, ce qui vous permet de ressentir sur votre peau la chaleur qu'elles diffusent. Restez ainsi quelques instants puis frottez à nouveau vos mains pour les réchauffer. Maintenant, faites tourner vos mains tout autour de votre tête pour diffuser leur chaleur partout. Attention, elles ne doivent pas toucher votre tête. Passez plusieurs fois les mains autour de votre tête, devant votre visage et n'hésitez pas à les frotter régulièrement pour les garder bien chaudes.

Maintenant, caressez (en les touchant cette fois-ci !) vos bras, vos mains, dessus, dessous et vos cuisses, puis vos genoux et votre dos. Frottez bien le bas de votre dos.

Posez les bras sur la table. Vous avez le dos arrondi, la nuque relâchée, le visage détendu. *Si les élèves sont allongés, on leur dira de reposer les bras par terre, le long du corps.*

Sentez votre respiration dans le ventre, sentez qu'à l'inspiration le ventre se gonfle doucement et qu'à l'expiration le ventre se rentre tranquillement. Nous allons compter de la façon suivante : 1 j'inspire, 1 j'expire ; 2 j'inspire, 2 j'expire ; etc. Je compte, soyez attentifs au mouvement de votre ventre, prenez le temps de bien détendre, de relâcher...

Compter jusqu'à 10 de la manière indiquée.

Je vais maintenant nommer différentes parties du corps. À chaque fois, placez une main sur la partie que je nomme : la cuisse droite, la cuisse gauche, la hanche droite, la hanche gauche, le ventre, les côtes à droite, les côtes à gauche, le poumon droit, le poumon gauche, l'épaule droite, l'épaule gauche, le bras droit, le bras gauche, la main droite, la main gauche, le cou, la nuque, la tête, la joue droite, la joue gauche, l'œil droit, l'œil gauche, le front.
Laisser un court silence.

Imaginez que vous êtes dans l'eau, que l'eau caresse votre peau, c'est bon, agréable. Ressentez le contact de l'eau sur votre peau, ça glisse.
Laisser un moment de silence.

Imaginez maintenant que vous êtes allongés sur le dos, dans un endroit très confortable avec du coton tout autour de vous. Il y a du coton que vous pouvez toucher avec les mains, c'est doux, cela vous détend et vous fait du bien.
Laisser un moment de silence.

Vous changez de décor et vous vous retrouvez tout à coup sur l'herbe, dans un jardin. Une herbe bien verte que vous caressez avec vos mains. C'est si agréable que vous décidez d'enlever vos chaussures et vos chaussettes pour frotter vos pieds sur cette herbe douce, humm ! C'est bon !

Pour finir, vous vous baladez dans la rue et vous vous retrouvez en compagnie d'un chat tigré très gentil qui demande des câlins. Vous vous arrêtez alors pour le caresser et lui tenir compagnie. Son pelage est doux et brillant, vous prenez plaisir à le caresser. Il passe plusieurs fois entre vos jambes et décide de s'en aller, vous le regardez partir et vous continuez votre route.

Votre balade tactile très agréable se termine, vous ressentez alors votre corps assis sur la chaise *(ou allongé sur le sol)*. Vous sentez votre dos en contact avec le dossier *(ou le sol)*, l'arrière de vos jambes en contact avec l'assise de votre chaise *(ou le sol)*. Vos pieds sont bien ancrés dans le sol.
Vous reprenez contact avec votre souffle à l'entrée des narines. Quand vous expirez, ressentez l'air chaud qui sort par votre nez. Recommencez trois fois ces respirations conscientes.
Redressez doucement votre tête, venez masser un peu votre visage, en particulier vos mâchoires, vos tempes et votre nuque. Bâillez si nécessaire, étirez-vous bien avec les bras au-dessus de la tête.
J'espère que cette relaxation autour du toucher vous a fait du bien et qu'elle vous a ressourcés. Vous pouvez maintenant vous remettre au travail.

Les cinq sens : le gout

Public	Cycles 2 et 3
Lieu	En classe, en salle de sport
Durée	10 minutes
Objectif	Se relaxer, prendre conscience du gout et affiner ce sens

Déroulement

Position de départ : assis, les bras le long du corps. Ou bien allongé sur le dos.

Commençons par quelques mouvements spécifiques pour prendre conscience du gout.

Fermez les yeux. Déglutissez, avalez votre salive. Puis bougez la langue dans la bouche, passez la langue sur les dents, sur les gencives et sur le palais durant quelques secondes.

Inspirez profondément par les deux narines et en expirant, tirez la langue très fort sans aucun bruit ! Recommencez deux fois.

Fermez la bouche. La langue repose tranquillement dans la bouche. Massez un peu vos mâchoires avec vos mains, doucement, dessinez des petits cercles sur vos joues.

Posez les bras sur la table. Vous avez le dos arrondi, la nuque relâchée, le visage détendu. *Si les élèves sont allongés, on leur dira de reposer les bras par terre, le long du corps.*

Sentez votre respiration dans le ventre, sentez qu'à l'inspiration le ventre se gonfle doucement et qu'à l'expiration le ventre se rentre tranquillement. Nous allons compter de la façon suivante : 1 j'inspire, 1 j'expire ; 2 j'inspire, 2 j'expire ; etc. Je compte, soyez attentifs au mouvement de votre ventre, prenez le temps de bien détendre, de relâcher...

Compter jusqu'à 10 de la manière indiquée.

Je vais maintenant nommer différentes parties du corps. À chaque fois, placez une main sur la partie que je nomme : la cuisse droite, la cuisse gauche, la hanche droite, la hanche gauche, le ventre, les côtes à droite, les côtes à gauche, le poumon droit, le poumon gauche, l'épaule droite, l'épaule gauche, le bras droit, le bras gauche, la main droite, la main gauche, le cou, la nuque, la tête, la joue droite, la joue gauche, l'œil droit, l'œil gauche, le front.

Laisser un court silence.

Imaginez maintenant que vous vous baladez dans un champ, c'est le début de l'été, et vous voyez un cerisier au loin. Vous décidez de vous en approcher car vous avez la nette impression que cet arbre fruitier porte de jolies cerises rouges bien mûres. Vous traversez le champ à vive allure et sautez de joie à l'idée de bientôt déguster ces bons fruits rouges.

Effectivement, vous aviez raison, les cerises sont là, prêtes à être dégustées ! Les branches sont lourdes et pendent si bas que vous pouvez cueillir des cerises en vous étirant un peu sur la pointe des pieds. Elles sont rouge foncé et donnent envie ! Vous en mettez une dans votre bouche et ressentez le jus fruité qui se répand dans toute votre bouche. Vous recrachez le noyau et avalez le reste. Vous recommencez avec une deuxième cerise en prenant cette fois-ci encore plus le temps de la savourer pleinement. *Laisser un moment de silence.* Le gout des fruits rouges en été vous rappelle peut-être des moments délicieux, vous pouvez ressentir alors des sensations très agréables. *Laisser un moment de silence.*

Vous allez quitter tranquillement ce champ et ce cerisier en emportant quelques cerises dans vos poches ! Vous vous retrouvez alors sur votre chaise, les bras le long du corps, la nuque légèrement relâchée et le dos tout arrondi *(ou allongés, le corps reposant tranquillement sur le sol)*. Prenez conscience de votre bouche, peut-être avez-vous un peu salivé en vivant cette relaxation autour du gout ?

Ressentez votre corps sur la chaise *(ou sur le sol)*, et sentez quelles parties du corps sont en contact avec la chaise *(ou avec le sol)* et quelles parties ne le sont pas. Sentez vos deux jambes, votre dos : sont-ils en contact avec la chaise *(ou le sol)* ?

Bougez doucement la cheville droite puis la cheville gauche. Bougez le poignet droit puis le poignet gauche.

Sentez votre respiration ventrale : à l'inspiration, le ventre se gonfle, à l'expiration *(expirer doucement par la bouche)*, le ventre se rentre doucement. Continuez, commencez à vous redresser et mettez vos mains sur le ventre.

Étirez-vous si nécessaire, bâillez, soupirez.

J'espère que cette relaxation autour du gout vous a fait du bien et qu'elle vous a ressourcés. Vous pouvez maintenant vous remettre au travail.

Les cinq sens : l'odorat

Public	Cycles 2 et 3
Lieu	En classe
Durée	10 minutes
Objectif	Se relaxer, prendre conscience de l'odorat et affiner ce sens

Déroulement

Position de départ : assis, les bras le long du corps. Ou bien allongé sur le dos.

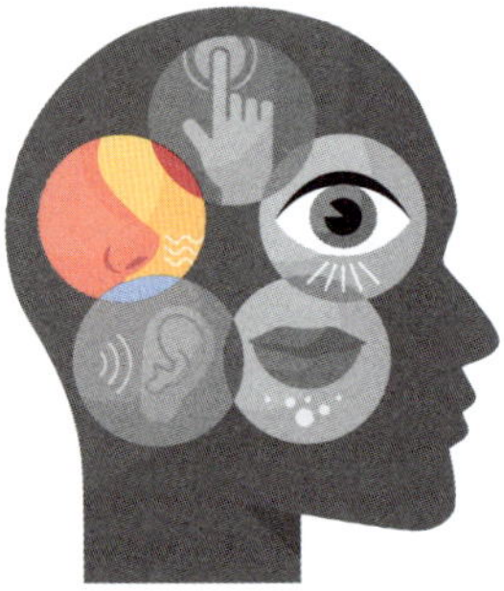

Commençons par quelques mouvements spécifiques pour prendre conscience de l'odorat.

Fermez les yeux et fermez la bouche. Respirez tranquillement et tentez de sentir toutes les odeurs aux alentours. *Laisser un moment de silence.* Peut-être ressentez-vous une ou des odeurs agréables ? Et des odeurs désagréables ? Soyez réceptifs, dans le calme.

Puis bouchez la narine droite et respirez uniquement avec la narine gauche. Faites trois respirations, profondément et lentement. Respirez maintenant avec les deux narines. Est-ce que vous sentez mieux les odeurs ? Est-ce qu'il y a une différence entre les deux narines ? Est-ce que vous sentez mieux les odeurs à droite ou à gauche ? *Laisser un moment de silence.*

À présent, bouchez la narine gauche. Faites trois respirations, profondément et lentement. Est-ce qu'il y a une différence entre les deux narines ? Est-ce que vous sentez mieux les odeurs à droite ou à gauche ? *Laisser un moment de silence.*

Puis, pour expérimenter, bouchez votre nez quelques secondes et respirez par la bouche. Sentez-vous quelque chose ?

Posez les bras sur la table. Vous avez le dos arrondi, la nuque relâchée, le visage détendu. *Si les élèves sont allongés, on leur dira de reposer les bras par terre, le long du corps.*

Sentez votre respiration dans le ventre, sentez qu'à l'inspiration le ventre se gonfle doucement et qu'à l'expiration le ventre se rentre tranquillement. Nous allons compter de la façon suivante : 1 j'inspire, 1 j'expire ; 2 j'inspire, 2 j'expire ; etc. Je compte, soyez attentifs au mouvement de votre ventre, prenez le temps de bien détendre, de relâcher… *Compter jusqu'à 10 de la manière indiquée.*

Je vais maintenant nommer différentes parties du corps. À chaque fois, placez une main sur la partie que je nomme : la cuisse droite, la cuisse gauche, la hanche droite, la hanche gauche, le ventre, les côtes à droite, les côtes à gauche, le poumon droit, le poumon gauche, l'épaule droite, l'épaule gauche, le bras droit, le bras gauche, la main droite, la main gauche, le cou, la nuque, la tête, la joue droite, la joue gauche, l'œil droit, l'œil gauche, le front.
Laisser un court silence.

Imaginez maintenant que vous vous baladez dans un jardin où les roses poussent en abondance. Il y en a une grande collection ! Des roses blanches, rouges, jaunes, des grosses, des petites... Vous décidez de vous approcher de ces roses pour les sentir, votre nez hume les fleurs.
Vous êtes surpris car toutes les roses n'ont pas la même odeur. Elles sentent délicieusement bon et elles ont une odeur subtile qui change en fonction de la couleur et de la forme de la fleur. *Laisser un moment de silence.*

Puis en continuant votre balade dans le jardin, vous tombez sur un chien tout mouillé qui est en train de s'ébrouer, de secouer tous ces poils, ha ! ça sent l'odeur de chien mouillé, une odeur un peu particulière qui va peut-être vous déranger. *Laisser un moment de silence.*

Vous dépassez le chien et rejoignez un(e) ami(e) qui sent particulièrement bon aujourd'hui, il (elle) porte un parfum qui se rapproche de la lavande, cela vous procure même une sensation de détente et de paix intérieure. *Laisser un moment de silence.*

Après toutes ces odeurs qui sont venues chatouiller votre nez, vous allez quitter ce jardin et ressentir votre corps, assis sur la chaise *(ou allongé sur le dos)*. Vos deux pieds sont bien ancrés dans le sol, le pied droit, le pied gauche.
Vos deux bras reposent toujours sur la table *(ou sur le sol)*, vous sentez qu'ils sont un peu lourds... Bougez tous les doigts de la main, la tête d'un côté et de l'autre, puis redressez-vous doucement.
Sentez votre respiration ventrale : à l'inspiration, le ventre se gonfle ; à l'expiration *(expirer doucement par la bouche)*, le ventre se rentre doucement. Continuez, commencez à vous redresser et mettez vos mains sur le ventre.
Étirez-vous si nécessaire, bâillez, prenez le temps de revenir à vous.
J'espère que cette relaxation autour de l'odorat vous a fait du bien et qu'elle vous a ressourcés. Vous pouvez maintenant vous remettre au travail.

La relaxation sur l'eau

Public	Cycles 2 et 3
Lieu	En classe, en salle de sport
Durée	7 à 8 minutes
Objectif	Se relaxer, relâcher toutes les tensions en passant par l'élément eau

Déroulement

Position de départ : assis, les bras le long du corps.
Ou bien allongé sur le dos.

Pour commencer, faites quelques respirations avec les bras : tandis que vous inspirez par le nez, vous amenez les bras au-dessus de la tête. Vos bras sont tendus et vos mains sont jointes. Expirez lentement en soufflant par la bouche et en ramenant les bras le long du corps. Reproduisez quatre fois cette respiration.

Puis, fermez les yeux. Posez les mains sur les cuisses *(ou ramenez les bras le long du corps)* et ressentez tout votre corps qui est assis sur la chaise *(ou allongé sur le sol)*.

Les pieds sont posés au sol. Bougez vos orteils dans les chaussures, puis cessez ces petits mouvements. Sentez vos talons, soulevez-les, puis ramenez-les au sol, trois fois.

Dépliez la jambe droite, étirez-la puis ramenez-la à sa place. Dépliez la jambe gauche, étirez-la puis ramenez-la à sa place. Recommencez deux fois de chaque côté.

Avec vos mains, frottez vos hanches, le bas de votre dos et massez doucement votre ventre en tournant autour du nombril.

En prenant de l'air par le nez, soulevez vos épaules près des oreilles. En rejetant l'air par la bouche, ramenez les épaules à leur place. Recommencez trois fois.

Bougez lentement vos poignets, dans un sens, puis dans l'autre. Pour finir, tournez votre tête doucement, dans un sens, puis dans l'autre.

Posez les bras sur la table. Vous avez le dos arrondi, la nuque relâchée, le visage détendu. *Si les élèves sont allongés, on leur dira de reposer les bras par terre, le long du corps.*

Vous allez vous détendre et imaginer que vous vous promenez dans un parc le matin, tôt. La météo est pluvieuse, une pluie légère vous tombe dessus. Elle vous mouille un peu mais elle ne vous dérange pas, elle vous rafraichit. Vous observez les sensations que les gouttes vous procurent lorsqu'elles se déposent sur votre visage, sur vos mains. Le reste de votre corps est protégé par vos vêtements. Vous aimez recevoir cette eau, vous avez l'impression qu'elle vous nettoie. Vous vous laissez faire tout en continuant votre marche. *Laisser un moment de silence.*

Petit à petit, l'averse s'estompe et laisse place aux nuages gris dans le ciel. Des flaques d'eau ici et là sont sur votre chemin. Vous les traversez avec vos chaussures de pluie, cela vous procure du plaisir. Dès que vous apercevez une flaque, vous allez mettre vos chaussures dedans. Finalement vous décidez même de les ôter pour mettre vos pieds directement dans la flaque : vous en mourriez d'envie ! L'eau n'est pas très froide, et une sensation de plaisir parcourt tout votre corps. Vos pieds sont comme réveillés et dynamisés dans cette eau de pluie ! *Laisser un moment de silence.*

Il est temps de rentrer chez vous. Vous remettez vos chaussures et vous rebroussez chemin pour rentrer.

Cette pluie vous a donné envie de prendre un bain pour vous réchauffer. Une fois dans la salle de bains, vous faites couler l'eau et vous vous déshabillez pour vous glisser dans cette eau bien chaude qui vous détend complètement. Vous êtes vraiment bien dans votre bain ! Une sensation de confort, de sécurité et de paix s'installe en vous, vous profitez de ce moment intensément. *Laisser un moment de silence.*

Suffisamment détendus, vous décidez de sortir et de vous rhabiller. Prenez le temps de vous essuyer et de quitter cette salle de bains. Vous sentez maintenant que vous êtes assis sur votre chaise *(ou allongés sur le sol).* L'arrière des cuisses est en contact avec la chaise *(ou le sol)*, le dos est en contact avec le dossier *(ou le sol)*, les pieds sont bien ancrés dans le sol.

Sentez votre respiration à l'entrée des narines, sentez l'air qui entre et qui sort par le nez.

Commencez à bouger vos doigts de main puis vos doigts de pied dans les chaussures. Redressez doucement votre tête, étirez-vous en amenant les bras au-dessus de la tête. Bougez doucement vos épaules, bâillez et soupirez si vous en éprouvez le besoin.

J'espère que cette relaxation autour de l'eau vous a fait du bien et qu'elle vous a ressourcés. Vous pouvez maintenant vous remettre au travail.

La relaxation sur l'air

Public	Cycles 2 et 3
Lieu	En classe, en salle de sport
Durée	7 à 8 minutes
Objectif	Se relaxer, relâcher toutes les tensions en passant par l'élément air

Déroulement

Position de départ : assis, les bras le long du corps.
Ou bien allongé sur le dos.

Pour commencer, faites quelques respirations avec les bras : tandis que vous inspirez par le nez, vous amenez les bras au-dessus de la tête. Vos bras sont tendus et vos mains sont jointes. Expirez lentement en soufflant par la bouche et en ramenant les bras le long du corps. Reproduisez quatre fois cette respiration.

Puis, fermez les yeux. Posez les mains sur les cuisses *(ou ramenez les bras le long du corps)* et ressentez tout votre corps qui est assis sur la chaise *(ou allongé sur le sol)*.

Les pieds sont posés au sol. Bougez vos orteils dans les chaussures, puis cessez ces petits mouvements. Sentez vos talons, soulevez-les, puis ramenez-les au sol, trois fois.

Dépliez la jambe droite, étirez-la puis ramenez-la à sa place. Dépliez la jambe gauche, étirez-la puis ramenez-la à sa place. Recommencez deux fois de chaque côté.

Avec vos mains, frottez vos hanches, le bas de votre dos et massez doucement votre ventre en tournant autour du nombril.

En prenant de l'air par le nez, soulevez vos épaules près des oreilles. En rejetant l'air par la bouche, ramenez les épaules à leur place. Recommencez trois fois.

Bougez lentement vos poignets, dans un sens, puis dans l'autre. Pour finir, tournez votre tête doucement, dans un sens, puis dans l'autre.

Posez les bras sur la table. Vous avez le dos arrondi, la nuque relâchée, le visage détendu. *Si les élèves sont allongés, on leur dira de reposer les bras par terre, le long du corps.*

Imaginez maintenant que de jolies ailes poussent dans votre dos, visualisez les couleurs de vos plumes, et leur longueur. Vous pouvez choisir un nom d'oiseau si cela vous vient naturellement.

Rendez-vous compte, vous pouvez voler ! Prenez votre élan pour aller explorer un peu le ciel autour de vous, prenez l'air !

Le fait de voler vous procure une sensation nouvelle de liberté. En tant qu'humains, vous n'êtes pas vraiment habitués à explorer le ciel. Joie et curiosité se mêlent car tout semble aller plus vite, les paysages vus du ciel sont particulièrement beaux et attirants, vous vous déplacez au gré du vent et des courants d'air, vous avez l'impression de voyager loin. Au bout d'un moment, vous décidez de vous arrêter un petit instant au creux d'un rocher pour vous reposer un peu et admirer ce qui vous entoure. L'air est frais, les rayons du soleil viennent caresser votre visage, comme c'est agréable. Vous contemplez tout cela et vous prenez le temps de respirer. Vous avez conscience de l'air qui entre et qui sort par vos narines, vous allongez volontairement votre souffle afin de calmer votre être tout entier. Alors, une sensation de sérénité vous envahit quelques instants, la plénitude vous sourit. Vous êtes parfaitement bien.

Laisser un moment de silence.

Le moment est venu pour vous de reprendre votre envol. Vous repartez haut dans le ciel et vous prenez le trajet du retour, votre petit tour dans les airs s'achève bientôt.

Vous vous promettez de recommencer prochainement et vous gardez en mémoire les belles sensations que ce périple vous a procurées.

De nouveau assis sur votre chaise *(ou allongés sur le sol)*, vos ailes disparaissent et votre corps s'alourdit pour montrer sa présence. Les pieds remuent doucement, les jambes, à droite, à gauche, se réveillent. Vous sentez votre ventre qui bouge avec les respirations, il se gonfle à l'inspiration et se dégonfle à l'expiration.

Vous ressentez le bras gauche et le bras droit, la main gauche et la main droite, l'épaule gauche et l'épaule droite. Votre dos se redresse très lentement. Repositionnez l'ensemble de votre corps sur la chaise *(ou sur le sol)*.

Étirez-vous, bâillez, soupirez si nécessaire, prenez le temps qu'il faut pour revenir à vous.

J'espère que cette relaxation sur l'air vous a fait du bien et qu'elle vous a ressourcés. Vous pouvez maintenant vous remettre au travail.

La relaxation sur la terre

Public	Cycles 2 et 3
Lieu	En classe, en salle de sport
Durée	7 à 8 minutes
Objectif	Se relaxer, relâcher toutes les tensions en passant par l'élément terre

Déroulement

Position de départ : assis, les bras le long du corps.
Ou bien allongé sur le dos.

Pour commencer, faites quelques respirations avec les bras : tandis que vous inspirez par le nez, vous amenez les bras au-dessus de la tête. Vos bras sont tendus et vos mains sont jointes. Expirez lentement en soufflant par la bouche et en ramenant les bras le long du corps. Reproduisez quatre fois cette respiration.

Puis, fermez les yeux. Posez les mains sur les cuisses *(ou ramenez les bras le long du corps)* et ressentez tout votre corps qui est assis sur la chaise *(ou allongé sur le sol)*.

Les pieds sont posés au sol. Bougez vos orteils dans les chaussures, puis cessez ces petits mouvements. Sentez vos talons, soulevez-les, puis ramenez-les au sol, trois fois.

Dépliez la jambe droite, étirez-la puis ramenez-la à sa place. Dépliez la jambe gauche, étirez-la puis ramenez-la à sa place. Recommencez deux fois de chaque côté.

Avec vos mains, frottez vos hanches, le bas de votre dos et massez doucement votre ventre en tournant autour du nombril.

En prenant de l'air par le nez, soulevez vos épaules près des oreilles. En rejetant l'air par la bouche, ramenez les épaules à leur place. Recommencez trois fois.

Bougez lentement vos poignets, dans un sens, puis dans l'autre. Pour finir, tournez votre tête doucement, dans un sens, puis dans l'autre.

Posez les bras sur la table. Vous avez le dos arrondi, la nuque relâchée, le visage détendu. *Si les élèves sont allongés, on leur dira de reposer les bras par terre, le long du corps.*

Imaginez que vous partez en balade en forêt, il a plu récemment. L'air est doux, les nuages couvrent le ciel, la terre sur laquelle vous marchez est boueuse. Vos chaussures s'enfoncent dans le sol, ça colle ! Vous continuez à vous enfoncer dans la nature, de grands arbres feuillus vous entourent, vous aimez la compagnie de toute cette végétation, cela vous apaise.

Vous décidez de vous arrêter un moment au pied d'un arbre pour vous reposer. Vous déposez vos mains sur la terre, vous la caressez doucement. C'est une terre marron-rouge et argileuse, vous pouvez même y enfoncer les doigts. À son contact, vous avez la sensation de vous reconnecter à vos racines. Vous prenez un peu de terre dans vos mains et vous la malaxez doucement entre vos doigts, c'est très agréable. *Laisser un moment de silence*. Le fait de toucher cette terre vous ramène à l'instant présent, cela vous reconnecte à votre corps, à vos pieds qui s'enfoncent dans le sol boueux. *Laisser un moment de silence*.

Vous finissez par redéposer la terre au sol. Vos mains en ont gardé des traces, vous les glissez dans vos poches et repartez en sens inverse, la balade prend fin.

Enthousiaste à l'idée de retoucher de la terre, vous trouvez de l'argile rouge à modeler et commencez à pétrir la pâte en la mouillant un peu. Cela ravive le souvenir des bonnes sensations éprouvées lors de votre balade en forêt, cela vous fait du bien. Cela vous recentre et vous apaise véritablement. *Laisser un moment de silence*. Avec la glaise que vous tenez dans vos mains, vous créez différentes formes arrondies et vous décidez de les laisser sécher à l'air libre. Votre travail se termine mais il vous reste de l'argile. À tout moment, vous pourrez donc recommencer pour vous ressourcer. *Laisser un moment de silence*.

Le moment est venu de ressentir le contact de vos pieds dans le sol, de vos orteils dans vos chaussures. Frottez le pied droit au sol, puis le pied gauche. Recommencez en alternant droite et gauche. Bougez les orteils, du plus petit au plus grand, plusieurs fois. Redressez la tête et glissez la main droite sous la cuisse droite : soulevez cette cuisse et donc toute la jambe droite. Même chose à gauche : glissez la main gauche sous la cuisse gauche et soulevez la cuisse, donc toute la jambe.

Frottez vigoureusement le bras gauche avec la main droite et inversement. Tournez la tête dans un sens puis dans l'autre.

Inspirez par le nez et montez les épaules jusqu'aux oreilles. Soufflez par la bouche en baissant les épaules. Recommencez trois fois.

Tournez la langue dans la bouche, sur les dents, sur l'intérieur des joues. Ouvrez très grand la bouche et provoquez un bâillement. Venez masser un peu les mâchoires, puis étirez-vous avec les bras au-dessus de la tête si vous en éprouvez le besoin.

J'espère que cette relaxation autour de la terre vous a fait du bien et qu'elle vous a ressourcés. Vous pouvez maintenant vous remettre au travail.

La relaxation sur le feu

Public	Cycles 2 et 3
Lieu	En classe, en salle de sport
Durée	7 à 8 minutes
Objectif	Se relaxer, relâcher toutes les tensions en passant par l'élément feu

Déroulement

Position de départ : assis, les bras le long du corps.
Ou bien allongé sur le dos.

Pour commencer, faites quelques respirations avec les bras : tandis que vous inspirez par le nez, vous amenez les bras au-dessus de la tête. Vos bras sont tendus et vos mains sont jointes. Expirez lentement en soufflant par la bouche et en ramenant les bras le long du corps. Reproduisez quatre fois cette respiration.

Puis, fermez les yeux. Posez les mains sur les cuisses *(ou ramenez les bras le long du corps)* et ressentez tout votre corps qui est assis sur la chaise *(ou allongé sur le sol)*.

Les pieds sont posés au sol. Bougez vos orteils dans les chaussures, puis cessez ces petits mouvements. Sentez vos talons, soulevez-les puis ramenez-les au sol, trois fois.

Dépliez la jambe droite, étirez-la puis ramenez-la à sa place. Dépliez la jambe gauche, étirez-la puis ramenez-la à sa place. Recommencez deux fois de chaque côté.

Avec vos mains, frottez vos hanches, le bas de votre dos et massez doucement votre ventre en tournant autour du nombril.

En prenant de l'air par le nez, soulevez vos épaules près des oreilles. En rejetant l'air par la bouche, ramenez les épaules à leur place. Recommencez trois fois.

Bougez lentement vos poignets, dans un sens, puis dans l'autre. Pour finir, tournez votre tête doucement, dans un sens, puis dans l'autre.

Posez les bras sur la table. Vous avez le dos arrondi, la nuque relâchée, le visage détendu. *Si les élèves sont allongés, on leur dira de reposer les bras par terre, le long du corps.*

Dans votre tête, visualisez maintenant le soleil de manière précise et intense. Cette boule de feu qui est une énorme étoile dans l'univers dégage une belle chaleur. Tandis que vous l'observez de près, vous ressentez cette chaleur sur votre visage, votre cou, votre poitrine, votre dos, vos épaules, vos bras, vos mains, votre ventre, vos jambes et vos pieds. Cela vous fait du bien, cela vous donne de l'énergie et vous remplit tout doucement de lumière. *Laisser un moment de silence.*

Tout en continuant à ressentir cette chaleur sur tout votre corps, imaginez que de joyeux soleils s'infiltrent en vous petit à petit, comme des petites lumières qui vont dans toutes vos cellules. *Laisser un moment de silence.* Elles vous apportent de la douceur, du réconfort et de la joie. Vous vous sentez vraiment bien, lumineux et légers. *Laisser un moment de silence.*

Vous ressentez peu à peu les bénéfices de cette détente en relâchant encore plus les différentes parties de votre corps. *Laisser un moment de silence.*

Puis, remplis de cette énergie lumineuse, vous continuez à vous relaxer en vous imaginant en posture assise, près d'un bon feu. Vous observez les flammes qui dansent dans l'âtre, le rouge et le jaune qui se mélangent, le bois qui crépite... Cette ambiance vous réchauffe le cœur et vous apaise en même temps. La vue du feu, la chaleur qu'il dégage, vous procurent une grande décontraction. *Laisser un moment de silence.*

Vous observez encore un moment ce feu qui danse dans la cheminée. Puis, tout doucement, vous reprenez contact avec votre souffle à l'entrée des narines. À l'inspiration, vous sentez qu'il monte dans votre nez ; à l'expiration, vous sentez qu'il redescend. Continuez en observant bien ce va-et-vient qui se fait naturellement, automatiquement.

Ressentez maintenant, votre corps assis sur la chaise *(ou allongé sur le sol)*, vos bras qui reposent sur la table *(ou le sol)* et votre tête, votre dos qui se redressent doucement. Ressentez les parties de votre corps qui sont en contact avec la chaise *(ou le sol)* : le dos, l'arrière des jambes. Remuez doucement les pieds, les mains, tournez la tête d'un côté, puis de l'autre.

Étirez-vous si besoin en amenant les bras au-dessus de la tête, bâillez, soupirez et revenez tranquillement à vous.

J'espère que cette relaxation autour du feu vous a fait du bien et qu'elle vous a ressourcés. Vous pouvez maintenant vous remettre au travail.

Grande détente

Public	Cycle 3
Lieu	En classe, en salle de sport
Durée	7 à 8 minutes
Objectif	Se relaxer, relâcher toutes les tensions corporelles et mentales

Déroulement

Position de départ : assis, les bras le long du corps.

Pour commencer, fermez les yeux ou bien gardez les yeux mi-clos, le regard vers la table.

Vous pouvez déposer les mains sur les cuisses, une main dans l'autre. Relâchez les épaules, gardez le dos droit sans exagération et les pieds bien à plat au sol, légèrement écartés.

Écoutez les bruits extérieurs les plus lointains *(laisser un moment de silence)*, puis les bruits qui sont plus proches de vous, ceux qui vous entourent *(laisser un moment de silence)*. Maintenant, concentrez-vous sur votre souffle à l'entrée des narines et déposez doucement vos mains sur le ventre. Ressentez le ventre qui se gonfle quand vous prenez l'air et le ventre qui se dégonfle quand vous expirez par la bouche. Continuez tranquillement à respirer...

Ressentez votre corps qui est assis sur la chaise, vos jambes, votre dos en contact avec la chaise.

Frottez vos cuisses quelques instants et déposez les mains sur les cuisses, sans les bouger. Imaginez maintenant que vous frottez vos cuisses mais vous restez immobiles.

Frottez votre ventre quelques instants et déposez les mains sur le ventre, sans les bouger. Imaginez maintenant que vous frottez votre ventre mais vous restez immobiles.

Frottez vos hanches quelques instants et déposez les mains sur les hanches, sans les bouger. Imaginez maintenant que vous frottez vos hanches mais vous restez immobiles.

Frottez le bas de votre dos quelques instants et déposez les mains sur le dos, sans les bouger. Imaginez maintenant que vous frottez le bas du dos mais vous restez immobiles.

Frottez le haut du buste quelques instants et déposez les mains sur le buste, sans les bouger. Imaginez maintenant que vous frottez le haut du buste mais vous restez immobiles.

Frottez vos épaules avec les mains opposées (la main droite sur l'épaule gauche, la main gauche sur l'épaule droite) quelques instants et déposez les mains sur les épaules, sans les bouger. Imaginez maintenant que vous frottez vos épaules mais vous restez immobiles.

Frottez votre cou en y faisant glisser une main puis l'autre, puis déposez les mains sur le cou, sans les bouger. Imaginez maintenant que vous frottez votre cou mais vous restez immobiles.

Caressez votre visage doucement quelques instants et déposez les mains sur le visage, sans les bouger. Imaginez maintenant que vous caressez votre visage mais vous restez immobiles.

Posez les mains sur les cuisses. Ressentez maintenant toutes les parties du corps que vous venez de toucher : les cuisses, le ventre, les hanches, le bas du dos, le haut du buste, les épaules, le cou, le visage.

Visualisez maintenant le mieux possible les images suivantes :

- Une bougie allumée
- Une montagne avec un sommet enneigé
- Un champ de fleurs
- Votre jouet préféré
- Votre animal préféré
- La nuit avec plein d'étoiles dans le ciel
- Un bouquet de fleurs
- Un soleil magnifique

Laisser un moment de pause entre chaque élément cité pour donner le temps aux enfants d'accueillir l'image en question dans leur tête.

Revenez maintenant à votre respiration dans le ventre. Déposez doucement vos mains sur le ventre et observez le va-et-vient du souffle : quand vous prenez l'air par le nez, le ventre se gonfle un peu ; quand vous rejetez l'air par la bouche, le ventre se rentre doucement. Continuez tranquillement ces respirations et décomptez de la manière suivante :

- 5 j'inspire, 5 j'expire dans le ventre ;
- 4 j'inspire, 4 j'expire dans le ventre ;
- 3 j'inspire, 3 j'expire dans le ventre ;
- 2 j'inspire, 2 j'expire dans le ventre ;
- 1 j'inspire, 1 j'expire dans le ventre.

Laisser un moment de pause.

Prononcez intérieurement la phrase suivante : « Je me sens calme et détendu. » Répétez intérieurement plusieurs fois cette phrase : « Je me sens calme et détendu. »

Puis, tendez l'oreille et percevez les bruits extérieurs, plus ou moins lointains. En douceur, reprenez contact avec tout ce qui vous entoure : sans ouvrir les yeux, visualisez le sol, le plafond, les murs, les copains qui vous entourent.

Entendez votre propre respiration à l'entrée des narines.

Bougez délicatement les doigts de main et les doigts de pied. Tournez la tête très doucement dans un sens, puis dans l'autre sens.

Massez-vous le visage : le contour des yeux, la bouche, le front. Ouvrez les yeux et étirez-vous, les bras au-dessus de la tête. Laissez venir les bâillements, les soupirs.

La relaxation est maintenant terminée, vous êtes bien ressourcés, vous allez pouvoir vous remettre au travail !

Écoute et ressentis

Ces courtes activités ont pour but de détendre l'enfant en passant par un temps d'écoute et de calme amenant vers un état de relâchement. À travers elles, l'élève va petit à petit apprendre à ressentir mieux son corps et toutes les sensations qui le traversent (frissons, gargouillements, chaleur, froid, maux de tête ou de ventre...). Il s'agit d'être à l'écoute du moment présent.

Il est intéressant de présenter ces exercices lorsque la classe est dissipée, par exemple au retour de la récréation, après une séance de sport ou avant une évaluation. Cela permettra de recentrer les élèves et de les introduire dans un vrai moment de calme.

De prime abord, les élèves peuvent être surpris par ce genre de pratique ou un peu sceptiques car ils n'en ont pas l'habitude. Mais si ces activités leur sont présentées régulièrement, ils y prendront assurément gout rapidement car ils vont vite en percevoir les bénéfices : un regain d'énergie, une plus grande concentration et une croissance du bienêtre corporel.

Fermer les yeux

Public	Cycle 2 (seulement les étapes 1 et 2) et cycle 3
Lieu	En classe, en salle de sport, en extérieur
Durée	4 à 5 minutes
Objectif	Apprendre à se centrer sur soi

Déroulement

Position de départ : assis, les bras le long du corps ou les mains sur les genoux.

Étape 1

Sur une inspiration par le nez, vous montez les bras au-dessus de la tête. Les pouces se touchent. Grandissez-vous avec les yeux bien ouverts.

Sur l'expiration, en soufflant doucement par la bouche, vous ramenez les bras le long du corps et vous fermez les yeux.

Vous alternez donc, yeux ouverts/yeux fermés. Quand vous inspirez, les yeux sont ouverts ; quand vous expirez, les yeux sont fermés. Prenez le temps de respirer tranquillement avec les bras.

Répéter cet enchainement sept à dix fois en proposant un rythme lent.

Étape 2

Continuez cet exercice sans le mouvement des bras.

Les enfants respirent en ouvrant et en fermant les yeux pendant une minute. On peut aller jusqu'à deux minutes si l'exercice est pratiqué régulièrement.

Attention, cela demande plus de vigilance, les bras restent le long du corps, les mains sur les cuisses.

En inspirant par le nez, vous gardez les yeux ouverts ; en expirant par la bouche, vous fermez les yeux.

Étape 3

Désormais, si vous le souhaitez, vous pouvez fermer les yeux sur l'inspiration et l'expiration.

Chronométrer une minute de respiration. On peut aller jusqu'à deux minutes si l'exercice est pratiqué régulièrement.

Durant cette pratique, ne perdez pas de vue votre respiration, qui vous accompagne à chaque instant.

Si le fait d'avoir les yeux longuement fermés vous dérange, vous pouvez à tout moment les rouvrir et sortir de l'exercice, tout en restant calmes pour ne pas déranger votre entourage.

Petit conseil

Les étapes doivent se faire dans l'ordre et il ne faut surtout pas en sauter. Il faut bien pratiquer et être à l'aise avec une étape avant de passer à la suivante.

Écouter son environnement

Public	Cycles 2 et 3
Lieu	En classe, en salle de sport
Durée	4 à 5 minutes
Objectif	Apprendre à distinguer les bruits environnants, savoir écouter
Matériel sonore	Bol tibétain, carillon, ou autre instrument pour l'enseignant

Déroulement

Position de départ : assis, les bras le long du corps ou les mains sur les genoux.

Vous êtes bien assis sur votre chaise *(ou sur votre tapis)*. N'hésitez pas à redresser votre dos si vous sentez qu'il est un peu arrondi, vouté. Les épaules sont légèrement en arrière. Ne croisez pas les pieds, placez-les correctement sur le sol, légèrement écartés l'un de l'autre. Fermez les yeux et concentrez-vous sur l'ouïe.

Avec la main droite, venez toucher votre oreille droite, le lobe et le contour. Puis recouvrez cette oreille avec votre main comme si vous vouliez la cacher. Percevez maintenant uniquement le son côté droit. C'est comme si vous entendiez la mer dans un coquillage... *Laisser le temps d'apprécier ce moment.*

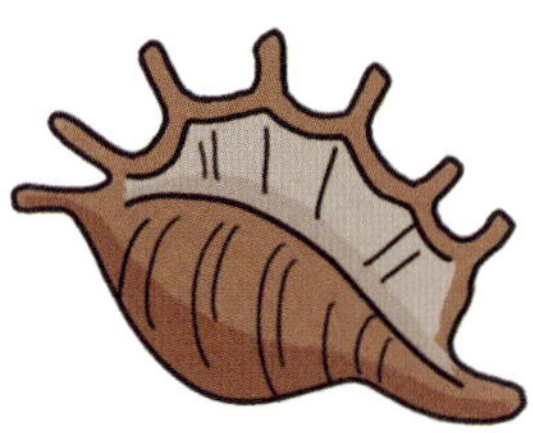

Déposez votre main droite sur la cuisse et faites la même chose à gauche. Touchez délicatement votre oreille gauche avec la main gauche, le lobe, le contour de l'oreille. Puis recouvrez cette oreille et captez les sons qui en sortent avec la plus grande attention. Vous entendez la mer comme dans un coquillage. *Laisser le temps d'apprécier ce moment.*

Déposez votre main gauche sur la cuisse et écoutez les sons que vous percevez, maintenant que vos oreilles ne sont plus recouvertes, prenez conscience des différences, prenez le temps de bien écouter.

Essayez maintenant d'entendre des bruits très éloignés, ceux qui existent en dehors de la pièce dans laquelle vous êtes : peut-être pouvez-vous capter un bruit de moteur, un chien qui aboie, un enfant qui pleure, etc. *Laisser un moment de silence.*

Puis, distinguez les bruits de la pièce dans laquelle vous êtes : que pouvez-vous percevoir ? Le tic-tac d'une horloge, le bruit d'une chaise qui se déplace, une mouche qui vole… *Laisser un moment de silence.*

Pour finir, écoutez le son du bol *(ou du carillon ou d'un autre instrument)*. Restez très à l'écoute jusqu'à l'arrêt total du son, jusqu'au silence complet.

Restez pleinement dans ce silence durant quelques secondes, sans bouger, les yeux toujours fermés, calmes et détendus. Sentez votre respiration à l'entrée des narines. Appréciez ce silence !

Laisser passer un long moment sans parler. Puis taper sur le bol ou utiliser un autre instrument pour marquer la fin de l'exercice.

Frottez vigoureusement vos mains l'une contre l'autre, venez les déposer sur votre visage. Massez-le doucement pour un réveil en douceur. Ouvrez les yeux et retrouvez tout votre environnement que vous percevez avec un œil nouveau !

Écouter ses bruits intérieurs

Public	Cycle 3
Lieu	En classe, en salle de sport, en extérieur
Durée	4 à 5 minutes
Objectif	Apprendre à différencier les bruits extérieurs des bruits intérieurs
Matériel sonore	Bol tibétain, carillon, ou autre instrument pour l'enseignant

Déroulement

Position de départ : assis, les bras le long du corps ou les mains sur les genoux.

Conseil

Avant de pratiquer cet exercice, il est préférable d'avoir déjà réalisé l'activité « Écouter son environnement », page 104.

Replacez-vous correctement sur votre chaise *(ou sur votre tapis)*, le dos droit, les épaules légèrement en arrière. Ne crispez pas le visage, placez bien vos pieds sur le sol, légèrement écartés. *Si les enfants sont assis par terre, leur demander de se mettre en tailleur.*

Vous pouvez fermer les yeux ou les garder ouverts en regardant vers le sol.

Sentez votre souffle à l'entrée des narines. Vous inspirez en prenant de l'air et le haut de votre cage thoracique se soulève. Vous expirez par le nez ou par la bouche, vous rejetez l'air et le ventre se rentre doucement. Attention, quand vous expirez, n'arrondissez pas votre dos !

Faire cinq respirations. Compter les respirations à haute voix, et taper sur le bol pour marquer chaque respiration.

Maintenant, déposez les mains sur le ventre et écoutez ce ventre : fait-il des gargouillis ? Est-il crispé ? détendu ? Ressentez, écoutez bien votre ventre.

Laisser un moment de silence.

Puis couvrez quelques instants vos oreilles et écoutez votre respiration. On l'entend particulièrement bien quand on se coupe des bruits extérieurs.

Laisser un moment de silence.

Déposez vos mains sur la table ou sur vos genoux, gardez si possible les yeux fermés et ressentez pleinement votre corps tout entier. Que se passe-t-il dans ce corps ? Y a-t-il des contractions ? des tensions ? Est-ce que certaines parties du corps vous font mal ? Une épaule ? Une jambe ? Une cheville ? La tête ?

Parvenez-vous à bien ressentir votre corps ? Si vous ne ressentez rien, ce n'est pas grave du tout. Tout est bien. Continuez à écouter votre respiration, continuez à écouter votre corps qui respire tranquillement, dans la détente.

Laisser un long moment de silence.

Puis taper sur le bol pour marquer la fin de l'exercice.

Dépliez un peu vos jambes, secouez-les. Tournez vos chevilles, puis vos poignets, déliez vos mains. Tournez la tête dans un sens, puis dans l'autre.

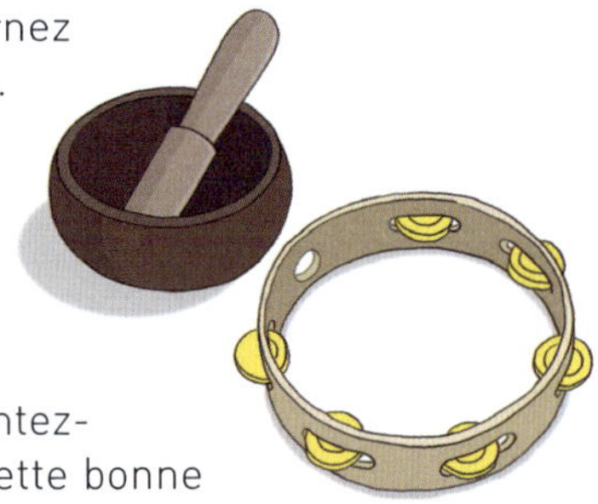

Étirez-vous en amenant les bras au-dessus de la tête, bâillez, soupirez si nécessaire et replacez-vous tranquillement sur votre chaise *(ou sur votre tapis)*.

Appréciez le moment que vous venez de vivre et sentez-vous prêts à poursuivre votre journée avec toute cette bonne énergie !

Ressentir ses mains

Public	Cycles 2 et 3
Lieu	En classe, en salle de sport, en extérieur
Durée	6 à 8 minutes
Objectif	Apprendre à ressentir pleinement ses mains

Déroulement

Position de départ : assis, les bras le long du corps ou les mains sur les genoux.

Pour commencer, placez votre pouce gauche dans le creux de votre main droite et massez doucement votre paume avec votre pouce. Puis inversez le geste, placez votre pouce droit dans le creux de la main gauche et massez doucement l'intérieur de la paume durant quelques secondes.
Pour ressentir encore mieux les sensations, vous pouvez fermer les yeux.

Expliquer le sens du mot « phalange » avant d'entamer la suite.
Puis vous allez saisir le pouce de la main droite avec la main gauche et caresser et masser lentement chaque phalange. Faites la même chose pour l'index, puis le majeur, l'annulaire et l'auriculaire.
Maintenant, changez de côté. Massez la paume de la main gauche, puis caressez chaque doigt de la main gauche.
Caressez quelques instants vos mains avec douceur et venez les déposer lentement sur vos cuisses, dos des mains sur les jambes, paumes des mains tournées vers le plafond.

Gardez les yeux fermés, ou posez votre regard au sol afin d'avoir les yeux mi-clos.
Sentez votre respiration qui va et vient, sentez votre ventre qui bouge au rythme du souffle.
Laisser un moment de calme.

Imaginez maintenant que quelqu'un vous caresse les mains très doucement, d'abord la main droite. Ressentez chaque doigt de la main droite : caresse sur le pouce, caresse sur l'index, caresse sur le majeur, caresse sur l'annulaire, caresse sur l'auriculaire.
Au tour de la main gauche maintenant : caresse sur le pouce, caresse sur l'index, caresse sur le majeur, caresse sur l'annulaire, caresse sur l'auriculaire.

Laisser un moment de silence afin que les enfants aient vraiment le temps de ressentir.

Vos mains, vos doigts sont complètement détendus et relâchés. Une petite plume imaginaire se pose dans chaque main, c'est très léger et très doux, ressentez pleinement la main droite avec cette plume puis ressentez pleinement la main gauche avec cette plume.

Laisser un moment de silence.

Les deux mains deviennent toutes légères... comme les plumes.

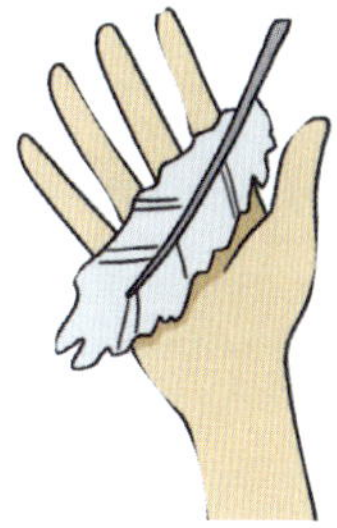

Vos mains, vos doigts sont complètement détendus et relâchés. Maintenant, un caillou imaginaire se pose dans chaque main. C'est assez lourd, ressentez pleinement la main droite avec ce caillou puis ressentez pleinement la main gauche avec ce caillou.

Laisser un moment de silence.

Les deux mains s'alourdissent et s'enfoncent dans vos cuisses... Elles sont lourdes.

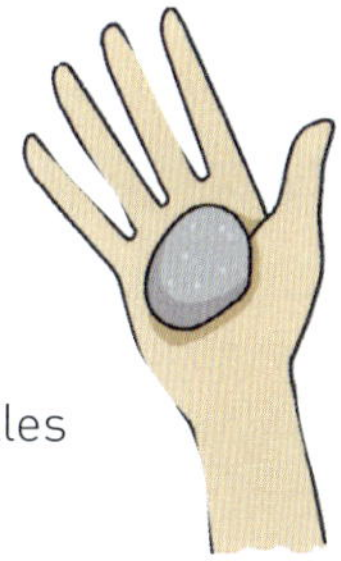

Puis, délicatement, sans regarder vos doigts de la main droite, bougez l'index uniquement, puis le majeur uniquement, puis l'annulaire uniquement, et finissez par l'auriculaire.

Faites maintenant la même chose à gauche, bougez les doigts un à un : bougez l'index, le majeur, l'annulaire, puis l'auriculaire. Prenez votre temps.

Cet exercice travaille sur la notion de lenteur pour plus de détente. Ne pas hésiter à le dire et à faire ralentir le rythme si nécessaire.

À présent, bougez tous les doigts en même temps dans tous les sens, puis secouez vos deux mains et frottez-les vigoureusement l'une contre l'autre.

Passez-les sur votre visage plusieurs fois, ouvrez les yeux tranquillement et amenez les bras au-dessus de la tête pour vous étirer. Laissez les bâillements se faire naturellement et revenez à vous le plus calmement possible.

Montée et descente du souffle

Public	Cycles 2 et 3
Lieu	En classe, en salle de sport, en extérieur
Durée	4 à 6 minutes
Objectif	Apprendre à visualiser la montée puis la descente du souffle

Déroulement

Position de départ : assis, les bras le long du corps ou les mains sur les genoux.

Installez-vous confortablement sur votre chaise *(ou sur votre tapis)*, le dos droit, les épaules basses, les pieds qui reposent bien sur le sol *(ou les jambes croisées en tailleur)*.

Fermez les yeux ou posez le regard au sol pour avoir les yeux mi-clos.

Posez les mains sur le ventre : quand vous inspirez par les deux narines, le ventre se gonfle un peu et pousse très légèrement sur les mains ; quand vous expirez par la bouche, les ventre se rentre doucement.

Continuez ainsi en comptant graduellement de la manière suivante *(compter lentement en prenant le temps)* :

- 1 j'inspire dans le ventre, 1 j'expire dans le ventre ;
- 2 j'inspire dans le ventre, 2 j'expire dans le ventre ;
- 3 j'inspire dans le ventre, 3 j'expire dans le ventre ;
- 4 j'inspire dans le ventre, 4 j'expire dans le ventre ;
- 5 j'inspire dans le ventre, 5 j'expire dans le ventre.

Maintenant, imaginez que lorsque vous inspirez, un fil coloré part du nombril et remonte jusque dans la gorge. Lorsque vous expirez, ce fil coloré redescend jusqu'au nombril. Choisissez la couleur de votre fil. Les mains peuvent se déplacer et suivre le mouvement du fil coloré.

Laisser un moment de silence.

Continuez à visualiser ce fil coloré, à respirer amplement et à compter vos respirations de la manière suivante :

- 1 j'inspire du nombril à la gorge, 1 j'expire de la gorge au nombril avec le fil coloré ;
- 2 j'inspire du nombril à la gorge, 2 j'expire de la gorge au nombril avec le fil coloré ;

- 3 j'inspire du nombril à la gorge, 3 j'expire de la gorge au nombril avec le fil coloré ;
- 4 j'inspire du nombril à la gorge, 4 j'expire de la gorge au nombril avec le fil coloré ;
- 5 j'inspire du nombril à la gorge, 5 j'expire de la gorge au nombril avec le fil coloré.

Laisser un moment de silence.

Continuez quelques instants à respirer librement. Vous pouvez continuer ou non de visualiser ce fil coloré qui remonte et qui descend, comme vous voulez.
Laisser un moment de silence.

À présent, ramenez votre souffle dans le ventre comme au départ avec les mains sur le ventre. À l'inspiration, le ventre pousse doucement sur les mains ; à l'expiration, le ventre se rentre. Continuez ainsi quelques instants.

Pour finir, étirez doucement la jambe droite, puis la jambe gauche. Amenez les bras au-dessus de la tête pour vous grandir et bâiller. Tournez doucement la tête à droite et à gauche, replacez-vous sur votre chaise *(ou sur le tapis)* et ouvrez les yeux. Prenez quelques secondes encore avant de recommencer à vous activer.

Vous voilà, je l'espère, ressourcés pour travailler !

Observer ses pensées

Public	Cycles 2 et 3
Lieu	En classe, en salle de sport, en extérieur
Durée	4 à 6 minutes
Objectif	Être à l'écoute de ses pensées
Matériel	– Une feuille blanche et un stylo par élève – Un chronomètre pour l'enseignant

Déroulement

Position de départ : assis, les bras le long du corps ou les mains sur les genoux.

Disposez la feuille blanche et le stylo devant vous. Relâchez vos épaules en les tournant légèrement deux ou trois fois dans un sens, puis dans l'autre. Redressez votre dos, détendez vos mâchoires et ancrez bien vos deux pieds dans le sol, parallèles entre eux. *Si les enfants sont assis au sol, ils se mettent en tailleur.*
Inspirez par les deux narines profondément et expirez tranquillement en soufflant par la bouche. Reprenez encore trois grandes respirations. *Accompagner les élèves en comptant ces respirations à haute voix.*

Maintenant, saisissez votre stylo et fermez les yeux, ou bien dirigez votre regard vers le sol, les yeux mi-clos. Durant deux minutes *(chronométrer)*, lorsque vous pensez à quelque chose, inscrivez une croix sur votre feuille. Ne vous forcez pas à penser à quelque chose, laissez faire. Imaginez que vos pensées sont comme des petits nuages qui passent dans le ciel ! Nous avons des milliers de pensées par jour ! Nous ne pouvons pas nous empêcher de penser mais nous pouvons apprendre à observer les pensées qui traversent notre cerveau.

Les deux minutes sont écoulées, ouvrez les yeux et regardez votre feuille, qu'observez-vous ? Y a-t-il beaucoup de croix ou peu de croix ? Comment avez-vous ressenti l'exercice ? Est-ce agréable ? désagréable ? Toute réponse est bonne, tout ressenti est bon, on ne juge personne.

Remarque

Plus vous proposerez cet exercice, plus les enfants arriveront à le pratiquer facilement et à comprendre le fonctionnement des pensées.

Observer un objet

Public	Cycles 2 et 3
Lieu	En classe, en salle de sport, en extérieur
Durée	2 à 3 minutes
Objectif	Apprendre à fixer son attention
Matériel	Un objet par élève, choisi et apprécié par l'élève

Déroulement

Position de départ : assis, les bras le long du corps ou les mains sur les genoux, l'objet placé devant soi sur une table ou au sol.

Installez-vous confortablement sur votre chaise *(ou sur le tapis)*, le dos droit, les épaules basses, relâchées. Ancrez bien vos pieds dans le sol. *Demander aux enfants de croiser les jambes en tailleur s'ils sont assis par terre.*
Frottez tout d'abord vos mains l'une contre l'autre vigoureusement pour les chauffer. Puis venez les déposer devant vos yeux. Il fait sombre, détendez le regard, relâchez la nuque. *Laisser un moment de silence.* Passez vos doigts autour des yeux plusieurs fois, faites des petits cercles dans un sens, puis dans l'autre. Détendez vos mâchoires en les massant également, laissez venir les bâillements s'ils se présentent.

Déposez maintenant vos mains sur les genoux et fixez l'objet de votre choix intensément. Dans cet exercice d'attention, vous gardez les yeux ouverts et vous regardez votre objet avec beaucoup de tendresse et de joie car vous l'appréciez particulièrement. Vous pouvez vous remémorer pourquoi vous l'aimez tant. Que vous a-t-il apporté ? Qu'est-ce qu'il provoque en vous quand vous l'observez ? *Laisser un moment de silence.* Essayez de ressentir votre cœur qui palpite, qui se sent bien quand cet objet n'est pas loin, à vos côtés.

Puis, l'espace d'un instant, fermez les yeux pour le visualiser intensément dans votre tête et le garder fortement en mémoire. *Laisser un moment de silence.*

Ouvrez les yeux à nouveau et retrouvez votre objet. Dites-lui au revoir dans votre tête et sachez qu'à tout moment, s'il vous sécurise, s'il vous fait du bien, vous pouvez le retrouver physiquement ou en le recherchant dans votre mémoire.

À nouveau, frottez vos mains, étirez-vous, bâillez, soupirez. L'exercice est maintenant terminé, vous pouvez ranger votre objet, nous allons reprendre le travail.

Couleur détente

Public	Cycles 2 et 3
Lieu	En classe, en salle de sport, en extérieur
Durée	6 à 8 minutes
Objectif	Affiner ses ressentis, visualiser des couleurs
Accompagnement sonore	Une musique douce et relaxante

Déroulement

Position de départ : assis, les mains sur les cuisses.

Installez-vous confortablement sur votre chaise *(ou sur votre tapis)*, le dos droit, les épaules basses, relâchées. Ancrez bien vos pieds dans le sol. *Demander aux enfants de croiser les jambes en tailleur s'ils sont assis par terre.*
Fermez les yeux ou bien regardez vers le sol pour conserver les yeux mi-clos.

Ressentez votre colonne vertébrale, vous pouvez la toucher si besoin pour mieux la percevoir. Redressez doucement votre dos et placez vos mains sur les cuisses. À l'entrée des narines, observez le va-et-vient du souffle : à l'inspiration, vous faites monter l'air dans votre nez ; à l'expiration, vous le rejetez par la bouche en laissant passer un léger filet d'air.

Puis visualisez le mieux possible votre colonne vertébrale, imaginez-la colorée en bleu, un beau bleu qui circule au milieu de votre dos. Ressentez comme cette couleur s'installe bien dans votre colonne et arrive à vous détendre peu à peu.
Laisser un moment de silence.

Maintenant, imaginez le mouvement suivant : quand vous inspirez, votre colonne devient toute bleue du bas vers le haut ; quand vous expirez, la couleur redescend dans le bas de votre dos.

Si vous avez des difficultés à voir cette couleur, ce n'est pas grave, faites de votre mieux et essayez sans forcer, peut-être qu'un jour vous y arriverez plus facilement.
Laisser un moment de silence ou passer un morceau de musique douce pendant une à deux minutes.

Placez les mains sur votre ventre et respirez dans le ventre de la manière suivante : à l'inspiration, le ventre sort un peu ; à l'expiration, le ventre rentre doucement.
Laisser un moment de silence.

Imaginez que sur chaque inspiration et que sur chaque expiration le ventre se colore en vert. Continuez ainsi un moment, à imaginer cette couleur en respirant calmement dans le ventre.

Encore une fois, comme pour la colonne, si vous avez des difficultés à percevoir le vert, ce n'est pas grave, faites de votre mieux et cela viendra peut-être un jour à un moment où vous ne vous y attendrez pas. Surtout, ne vous crispez pas sur ces couleurs de manière trop intense car cela pourrait gâcher l'exercice.
Laisser un moment de silence ou passer un morceau de musique douce pendant une à deux minutes.

Maintenant, relâchez les mains et venez les déposer sur les cuisses. Prenez conscience de votre corps assis sur la chaise et prenez le temps de vous remettre en mouvement. Ouvrez les yeux, bâillez si nécessaire, étirez-vous, et tranquillement, nous allons reprendre le travail.

Joie de vivre

Public	Cycles 2 et 3
Lieu	En classe, en salle de sport, en extérieur
Durée	5 à 6 minutes
Objectif	Développer le sentiment de joie
Accompagnement sonore	Bols tibétains, carillon, ou autre instrument pour l'enseignant

Déroulement

Position de départ : assis, les mains sur les cuisses.

Installez-vous confortablement sur votre chaise *(ou sur votre tapis)*, le dos droit, les épaules basses, relâchées. Ancrez bien vos pieds dans le sol. *Demander aux enfants de croiser les jambes en tailleur s'ils sont assis par terre.*

Fermez les yeux ou bien regardez vers le sol pour conserver les yeux mi-clos.

Respirez tranquillement par le nez à l'inspiration, par la bouche à l'expiration. Soufflez doucement et longuement pour bien vider l'air que vous avez dans les poumons. Recommencez encore quatre fois.

Décrispez vos mâchoires en massant vos joues. Détendez complètement votre visage, votre cou, vos épaules, vos deux bras, votre ventre et vos jambes.

Ressentez la détente et le calme s'installer dans tout votre corps et votre tête.

Laisser un moment de silence.

Imaginez maintenant qu'à l'intérieur de vous toutes les parties de votre corps se mettent à sourire.

Dans votre jambe droite et votre jambe gauche, de jolis sourires se dessinent partout, de haut en bas, de bas en haut, vos jambes se remplissent de sourires, c'est comique, cela peut vous donner envie de sourire aussi !

Laisser un moment de silence.

Puis remplissez votre bras droit de sourires, du bout des doigts jusqu'à l'épaule, plein de petits sourires s'installent dans le bras droit et cela vous fait du bien. Même chose pour le bras gauche, il se remplit de sourires et cela vous procure une sensation de détente joyeuse.

Les deux jambes sont souriantes, les deux bras sont souriants, maintenant tout le buste et le dos se remplissent de sourires et de joie, tout devient pétillant, coloré.

Vous-mêmes vous souriez et cela vous rend tout joyeux, sereins et détendus.

Respirez tranquillement en visualisant ces beaux sourires qui habitent tout votre corps, votre tête, votre visage.

Laisser un long moment de silence.

Rassemblez maintenant vos sourires dans le creux de vos mains et laissez-les disparaitre petit à petit.

Sachez que vous pouvez les faire apparaitre à tout moment. Quand vous vous sentez un peu fatigués ou un peu tristes, n'hésitez pas à vous remplir le corps de sourires pendant quelques instants.

Amenez les mains sur le ventre, observez ce ventre qui bouge avec votre respiration. Tournez votre tête doucement, dans un sens, puis dans l'autre. Bougez vos orteils dans vos chaussures, étirez une jambe, puis l'autre. Replacez votre dos sur la chaise *(ou sur le tapis)*, et vos bras s'étirent au-dessus de la tête.

Bâillez, soupirez si nécessaire, nous allons reprendre tranquillement le travail.

Éloge de la lenteur

Public	Cycle 3
Lieu	En classe, en salle de sport, en extérieur
Durée	3 à 4 minutes
Objectif	Affiner la notion de temps, apprendre à être lent
Matériel	– Bols tibétains, carillon, ou autre instrument pour l'enseignant – Chronomètre pour l'enseignant

Déroulement

Position de départ : assis, les mains sur les cuisses.

Installez-vous confortablement sur votre chaise *(ou sur votre tapis)*, le dos droit, les épaules basses, relâchées. Ancrez bien vos pieds dans le sol. *Demander aux enfants de croiser les jambes en tailleur s'ils sont assis par terre.*

Voici le jeu que je vous propose : vous allez devoir lever les bras au-dessus de la tête afin que vos mains se rejoignent. Vous aurez une minute top chrono pour le faire. Donc vous avez beaucoup de temps ! Je vous dirai quand nous serons à 30 secondes pour que vous voyiez où vous en êtes, si vous devez modifier votre rythme ou non, accélérer ou ralentir...

Pour le retour des bras le long du corps, nous ferons la même chose. Vous aurez une minute top chrono pour redescendre les bras et déposer les mains sur les cuisses.

Allez, c'est parti ! Surtout pensez à bien respirer tout le long de l'exercice, à relâcher les épaules et à décontracter les mâchoires.

À ce moment-là, vous pouvez faire sonner le bol et démarrer le chronomètre.

Remarque

C'est un très bon exercice pour apprendre à contrôler ses mouvements et à gérer le temps.

Index thématique

ATTENTION

CALMER

CONFIANCE

COORDINATION

DÉTENDRE / RELÂCHER

ENCHAINEMENT

ÉQUILIBRER

ÉTIRER

MÉMORISER

VIVRE ENSEMBLE

PACIFIER

RALENTIR

RESSENTIR

SE RECENTRER

INSTANT PRÉSENT

Présentation des ressources numériques

Retrouvez les ressources en ligne sur mes-ressources-pedagogiques.editions-retz.com (voir page 2 de couverture).

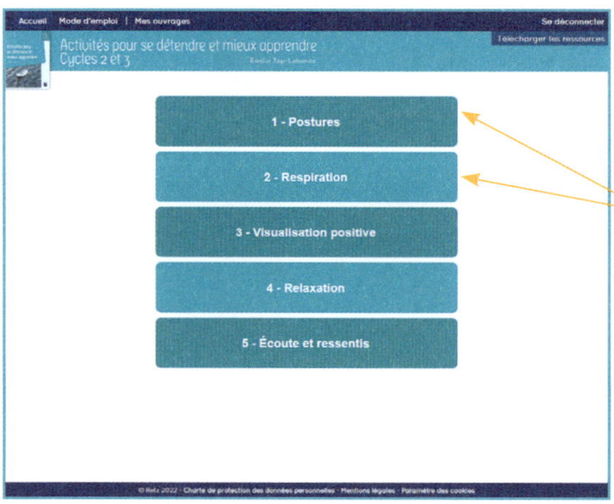

Cliquer sur l'onglet souhaité pour accéder aux ressources associées.

L'ensemble des enregistrements liés au chapitre sélectionné s'affiche dans la partie droite de l'écran :

Cliquer sur ces onglets pour accéder directement aux enregistrements des autres chapitres, sans repasser par l'écran d'accueil.

Ce bouton permet de changer l'affichage des ressources : en mode liste ou en mode grille.

Retrouvez ici tous vos enregistrements sauvegardés favoris.

Cliquer sur l'étoile pour mettre l'enregistrement en favori.

On clique sur le document souhaité, une fenêtre pop-up s'ouvre :

Jouer directement l'enregistrement sans le télécharger en cliquant ici.

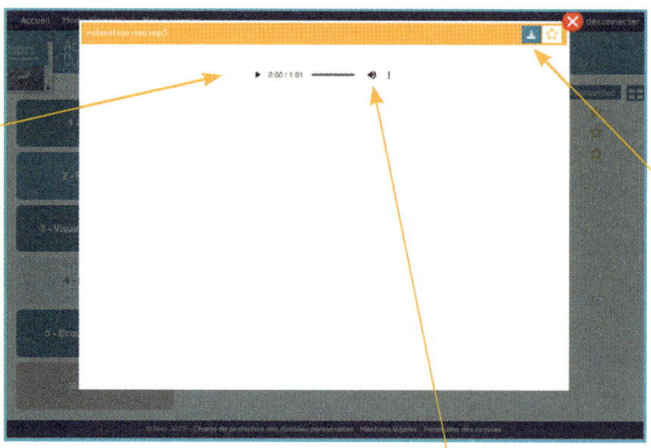

Cliquer ici pour télécharger l'enregistrement.

Régler le volume.

Pour aller plus loin

L'éducation positive vise le bienêtre de tous les élèves et se traduit par une manière de se comporter qui respecte l'enfant dans ses besoins, ses valeurs, ses droits, son identité, son histoire, ses émotions, etc. Cette approche permet aux élèves de construire de solides niveaux de bienêtre et d'épanouissement et de faire face aux défis du quotidien.

Aux éditions Retz, cette orientation positive est au cœur de notre démarche depuis longtemps. Et pour vous aider à vous y retrouver parmi les ouvrages qui concernent votre pratique de classe, nous avons choisi d'ajouter, sur certains de nos livres, un logo Éducation positive.

Dans la collection *Pédagogie pratique*

Éducation Positive
Cycle 3
Développer les compétences psychosociales
Laure Reynaud
RETZ

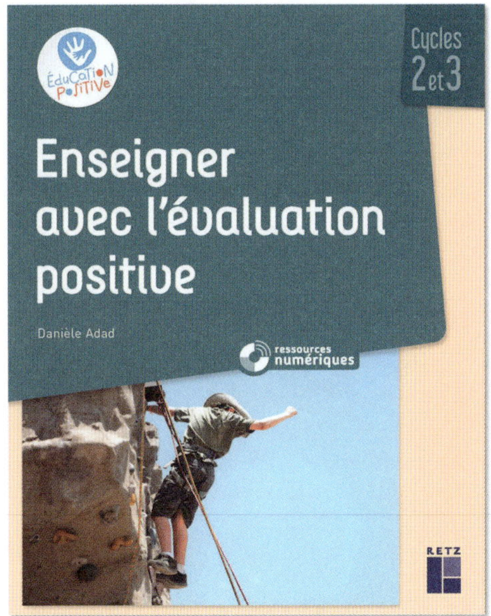
Éducation Positive
Cycles 2 et 3
Enseigner avec l'évaluation positive
Danièle Adad
ressources numériques
RETZ

Éducation Positive
GS-CP CE1
Langage et maths en musique
Méthode École chantée©
Alice Dormoy
ressources numériques
RETZ

Éducation Positive
Cycles 2 et 3
Enseigner en classe flexible
Anne Larcher, Evie Laversanne, Adeline Michel,
Aurélia Onyszko Leclaire et Séverine Walker
RETZ

Dans la collection *Mieux-être à l'école*

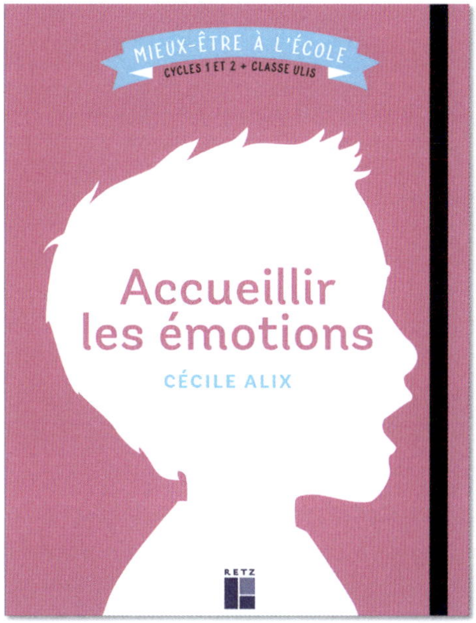

Cet ouvrage suit l'orthographe recommandée par les rectifications de 1990 et les programmes scolaires. Voir le site http://www.orthographe-recommandee.info et son miniguide d'information

Responsable d'édition : Anne Marty
Édition : Marie-Lou Copin
Correction : Bérengère de Rivoire
Couverture et création maquette : Nicolas Piroux
Adaptation maquette et mise en pages : Grafatom
Réalisation du site : Studit
Illustrations : Jessica Secheret
Crédits photographiques : IStock.

MIXTE
Papier issu de sources responsables
FSC® C022030

N° de projet : 10273631
Dépôt légal : septembre 2022
Achevé d'imprimer en France en septembre 2022 sur les presses de l'imprimerie Chirat.